湛庐CHEERS

与最聪明的人共同进化

HERE COMES EVERYBODY

U0803553

# ALEX PENTLAND

## 全球大数据权威
## 阿莱克斯·彭特兰

**SOCIAL PHYSICS**

HOW GOOD IDEAS SPREAD—THE LESSONS FROM A NEW SCIENCE

# 从卡车司机到
# MIT 人类动力实验室主任

1973 年，还是一名大三学生的彭特兰辍学当上了卡车司机。之所以有这样一段人生弯路，是因为他对为学位而设的种种僵化苛刻的学校制度感到无力和沮丧。1976 年，彭特兰重新回归校园，进入麻省理工学院的心理学系攻读博士学位，师从认知科学家惠特曼·理查兹（Whitman Richards）。当时的他在学校里是一个异类：一头沙子色的头发，大家都亲切地称呼他 Sandy。白天他研究人类心理学，晚上在充满各种高级机器人的人工智能实验室里研究人机对话。

经过 10 年的不懈努力，1986 年，彭特兰参与创办了 MIT 媒体实验室、亚洲媒体实验室（坐落在印度理工学院）和未来健康中心等重要机构，并创办了自己的第一个实验室——现已经成果卓著的 MIT 人类动力学实验室。彭特兰以自己毕生的理想为其取了一个温暖而意义深远的名字：“凝望人类”（looking at people）。

在近 30 年的执教生涯中，他培养了 50 余位博士，其中一半成长为该研究领域的领军人物，1/4 成为创业公司的创始人，1/4 成为业界相关领域的中坚力量。彭特兰的实验室还孵化出了 30 多家高科技企业，比如专注于社会测量的 Sociometric Solutions 公司。

# 可穿戴设备之父

30年前，“可穿戴设备”还是一个闻所未闻的概念，而彭特兰正是在无线网络、移动手持设备等一片空白的情况下启动了名为“可穿戴计算”的项目，而后来在可穿戴领域名声鹊起的科学家，比如一代电子狂人史蒂夫·曼(Steve Mann)，以及负责谷歌眼镜开发的萨德·斯塔那(Thad Starner)，都是彭特兰的学生。事实上，除了谷歌眼镜，彭特兰还领导了如今被广泛应用的人脸识别技术，以及基于GPS的定位技术的研发。

在彭特兰的“可穿戴设备”项目中，目前最引人注目的是一款叫作“社会计量标牌”的可穿戴设备。这个设备仅有卡片大小，配备了测量佩戴者运动的传感器、捕捉声音的麦克风、检测附近同类设备的蓝牙，以及记录面对面交流的红外线传感器。

这款设备他研发了近15年。在它的帮助下，彭特兰所能掌握的你的信息，已经远远超过了你所说的话传递出来的内容。比如，在打扑克时，这款设备10次有7次可以很准确地判断某人是否在牌桌上耍诈；佩戴设备的人能够在5分钟内预测谈判中的赢家，而且正确率高达87%；这款设备甚至可以用在男女之间的约会上，闪电约会还没有开始，它就能非常准确地预测出这次约会是否成功。通过在人际互动中使用社会计量标牌，你可以更加清晰地了解人们是否对工作满意，拥有怎样的工作效率。截至2013年，已经有几十家研究机构和公司使用了这个设备，包括一些世界500强公司。

# 全球首屈一指的大数据权威

如果要在全球创新革命的前沿找到一位数据科学家的话，他就是阿莱克斯·彭特兰。

从可穿戴计算到分析人类行为，时至今日，在全球计算科学领域，彭特兰是被引述次数最多的科学家之一。2011 年，《福布斯》评选他为全球最具影响力的 7 位数据科学家之一，《新闻周刊》称他是“改变 20 世纪的 100 位美国人”之一。

彭特兰还是世界经济论坛大数据发展报告与个人数据报告的共同发起人，为西班牙电信、摩托罗拉、日产等知名公司提供大数据方面的咨询，帮助印度理工学院共同创立了亚洲媒体实验室。他的研究多次登上《自然》《科学》《哈佛商业评论》《金融时报》《福布斯》《麻省理工科技评论》等杂志，也接受过 BBC 世界频道、探索频道、科学频道等媒体的专访。2012 年，他关于大数据应用的文章获得《哈佛商业评论》的麦肯锡奖。2008 年和 2013 年，他的研究成果两度摘得《麻省理工科技评论》“年度十大突破性科学技术”桂冠。

“我生活在未来”，这是彭特兰的梦想宣言，也是他的行动宣言！


**作者相关演讲洽谈，请联系**

BD@cheerspublishing.com

更多相关资讯，请关注

湛庐文化微信订阅号

湛庐CHEERS 特别制作

# Social Physics

How
Good Ideas
Spread —
The Lessons
from a
New
Science

# 智慧社会

## 大数据与社会物理学

[美] 阿莱克斯·彭特兰（Alex Pentland）◎著
汪小帆 汪容◎译

浙江人民出版社
ZHEJIANG PEOPLE'S PUBLISHING HOUSE

## SOCIAL PHYSICS

### 对谈

在《智慧社会》一书中，彭特兰从社会物理学的角度对大数据未来的发展与应用做出了展望。我们应如何看待大数据的发展？对大数据的应用将会通过何种方式实现？我们距离智慧社会还有多远？应湛庐文化之邀，作者彭特兰与译者汪小帆围绕这些问题进行了对谈。

**彭特兰** 全球大数据权威、可穿戴设备之父、MIT 人类动力学实验室主任。

**汪小帆** 上海交通大学长江学者特聘教授、致远学院常务副院长。

**汪小帆：**人们在 19 世纪初叶就提出了社会物理学一词。通俗地说，社会物理学是指“把物理学的概念用于社会科学研究”。您为何使用这一古老的词作为本书的英文书名并称之为“一门新科学”？您和他人曾经合作在《科学》上发表过一篇题为《计算社会科学》的文章，您为何不使用这种似乎更为切合主题的词作为英文书名呢？

**彭特兰：**社会物理学确实已经有两个世纪的历史了，这一名称反映了人们期望具有预测能力和社会科学可以数学化的梦想。这里使用的“物理学”一词并不局限于力学和场论等概念，而是意指可预测和可解释性。也就是说，我们所建立的数学是对用于交互粒子研究的数学的扩充。正如我在书中所说，我所称的社会物理学是关于想法在人们之间的流动是如何改变人们的行为的，如同力学中的能量在粒子之间的流动改变运动一样。

**汪小帆：**这本书介绍了大数据如何帮助我们理解人类社会。大数据必将改变我们的生活和工作方式。您能否和我们分享一下您对于大数据的总体看法？特别地，我们应该如何在拥抱大数据技术的同时使其风险极小化，以保护隐私和公平性等基本价值观？

**彭特兰：**大数据包括了环境卫星、基因数据、GPS 和地图数据、数字图像，以及诸如社交媒体数据之类的人们有意识产生的数据，等等。大数据可以让我们知道真实情形，从而带来更为透明和负责的政府。因此，联合国秘书长称之为“数据革命”。大数据还首次提供了关于人类行为的大量的定量数据，从而可以改进我们对人类心理和生态的理解。

当然，危险在于大数据也可用于限制我们的行动自由。这也是为什么我会与世界经济论坛和联合国秘书长合作制订“数据新政”，以给予个体对于涉及其自身的数据更大的控制权。正如书中所述，这一“新政”已经影响到许多国家的法规的改变，我们开发的软件系统也已面向全球发布。

**汪小帆：**本书的主题是关于好想法是如何传播的。好想法的传播和不好的想法的传播之间的主要区别是什么？我们能否在促进好想法传播的同时抑制不好的想法的传播？

**彭特兰：**书中通过有力的证据表明，想法及其相关行为是通过同伴之间分享体验的过程传播的。也就是说，通常只有当你和你的同伴已经尝试过某种新的思考方式并发现其有用的时候，你才会采用它。

这与“原始”的信息传播方式有很大不同，因为信息通常不会接受如此仔细的检验。这样，好的想法（也就是那些被你和你的同伴发现是有用的想法）就与那些被发现是不好的想法区分开了。

**汪小帆：**彭特兰既是一位数据科学家，也创立了许多相关的科技企业，又与世界各地的企业家和政府领袖等频繁接触，他所参与推动的“数据新政”值得关注。他在书中反复强调，从小团体到大企业甚至整个城市和地区的创新、效率，在很大程度上取决于想法在人们之间的传播方式，并进而提出通过校正沟通网络以实现更为有效的管理。

**汪小帆：**你们开发了用于跟踪人类行为的现实挖掘技术，其中使用了你们自己发明的社会计量标牌。您认为社会计量标牌今后可以缩小并嵌入到标准的胸卡里面。如果可能的话，您能否预测一下这样的设备何时会在世界上广泛使用？它对于组织和管理意味着什么？

**彭特兰：**社会计量标牌是作为研究工具被发明的，但是也可用于日常生活以提醒人们采用足够多样的沟通模式，并使得与他们交互的人群保持在“圈内”。今天我们看到很多胸卡里面都嵌入了射频识别设备或者公司里面安装了安全摄像头，这些都使得雇主可以跟踪雇员每一分钟的举动。当然，到目前为止，雇员赢得了这场维护一定程度的隐私的战争。除了最普通的记录方式，很少有雇主会尝试有意跟踪雇员。我认为雇员维护隐私的努力还会继续。

**汪小帆：**您把城市的社会物理学称为“城市科学”。我们知道，世界正处于极端城市化进程之中。特别地，中国正在经历也许是人类历史上最快速的城市化。然而，要实现“城市，让生活更美好”的愿景，我们需要对城市有更好的科学理解。您能否阐述一下如何才能建立关于城市的新科学，以及这一城市科学如何能够为城市设计和规划带来新的洞见？

**彭特兰：**城市设计的一般目标是创造安全、有效和创新的社会，然而很少有城市能实现这一目标。社会物理学告诉我们的是，未来城市需要做的是通过仔细设计的交通实现更高的多样性，通过构建更像传统农村而不是工厂的生活区域以实现社区内部的更强的凝聚力。

**汪小帆：**这本书的技术部分主要基于您在 MIT 的研究团队的工作。您能否简单介绍一下其他相关研究团队的重要工作？例如，除了你们提出的开放 PDS 框架，是否有其他有助于数据所有权以及建立公平和有效的数据市场的解决方案？

**彭特兰：**有许多研究人员在从事与大数据、计算社会科学相关的研究工作。但是，一般而言，他们研究的是一些具体的问题，而不是社会物理学的整体框架。我也担心他们可能不愿意把他们的工作视为社会物理学的一部分，因此并没有在书中把他们的工作加以归类。尽管如此，书中还是引用了其他研究人员的许多重要工作以供读者参考阅读。

至于开放 PDS，确实已经有好几种个人数据商店架构（读者可以在网上搜索到），但是这些架构都是不完整的，因为它们没有包括法律架构和开放 PDS 的新的隐私保护机制。开放 PDS 已经被安全验证与授权联盟（Kerberos Consortium）采用，该组织主要开发和维护网络的基本安全机制。

**汪小帆：**您能否与我们分享一下本书出版以后您的研究团队的最新进展？未来几年您有什么新的研究和创业计划？

**彭特兰：**本书的许多想法在 2013 年已经得到更大规模的实验验证，一些城市和组织已经开始采用社会物理学的思想。此外，我们现在已经衍生出一些公司，它们正在把诸如开放 PDS 和相关的安全想法进一步商业化。

**汪小帆：**大数据为我们应对城市发展所面临的许多挑战带来新的机遇，在城镇化进程中应更加注重城市的科学发展，特别是在旧城改造和新城建设中更加注重科学的数据分析。关于大数据的历史机遇和隐私挑战的更多描述可以参见 2014 年 5 月份美国总统顾问委员会推出的两份报告:《大数据：抓住机遇,创造价值》和《大数据与个人隐私：技术的视角》。

SOCIAL PHYSICS

推荐序一

# 测量，还是感知

段永朝

财讯传媒集团首席战略官

麻省理工学院校园里，有一幢举世闻名的玻璃大楼，这就是创办于1980年的MIT媒体实验室。走上三层，穿过炫酷无比的走廊，有一个名头很响的实验室，叫“人类动力学实验室”（Human Dynamics Lab）。

实验室的创办者是彭特兰教授。他被誉为“可穿戴设备之父”。2011年，彭特兰被美国《福布斯》杂志评为全球最具影响力的7位数据科学家之一，他在组织工程学、计量社会学、移动信息系统、图像理解、现代生物测量等领域都有建树，被看作先驱人物。

彭特兰教授出版的这部《智慧社会》，详尽总结了人类动力学实验室近10年所做的工作和取得的成就。书中对“想法流”（Idea Flow）如何促进人类合作、促进城市发展和社会和谐，做了深入细致的探讨。该书甫一出版，即获各方赞誉，好评如潮。

比如，美国联邦通信委员会前主席里德·亨特（Reed E. Hundt），评价此书的焦点是关于“思想是如何涌现、流动和传播的”。斯坦福大学行为科学高级研究中心前主任，密涅瓦（Minerva）学校创始人斯蒂芬·科斯林（Stephen M. Kosslyn）说，“彭特兰确实生活在未来”。

这部书开篇，就是这样一句激情澎湃的宣言：“我生活在未来。”

全书共 4 大部分，10 个章节，2 篇附录。全书对传统市场理论和社会学的基本假设进行了批判，提出基于交互、接触、连接的“想法流”概念，并建构基于“社会感知计算”的全新社会科学领域。

2014 年 5 月，湛庐文化组织了一次高品质的活动，叫作“对话最伟大的头脑”，我和 30 余位“庐客”一道，拜访了这间诞生谷歌眼镜原型设计的实验室，见到了她的灵魂人物——阿莱克斯·桑迪·彭特兰。

他柔和、睿智的眼神，在镜片后面闪闪发光。他在回答提问时说：“是的，‘社会物理学’，这是一个来自法国的社会学家奥古斯特·孔德（Auguste Comte，1798—1857）的用语。”

为什么？他为什么要选用这样一个近 180 年前的用语？

## “想法流”的社会学价值

1830—1842 年，孔德发表了重要的六卷本著作《实证哲学教程》（*The Course in Positive Philosophy*）。在第四卷里，孔德提出了“社会学”（Sociology）这一概念。孔德的“实证哲学”强调以事实为依据，采用观测、实验、比较和历史的研究方法，他认为可以获得与自然科学相媲美的社会科学知识。可以说，迄今为止的主流社会学基本理论，依然建构在孔德的思路之上。

孔德的思路是什么？法国著名思想家雷蒙·阿隆（Raymond Aron，1905—1983）在1967年出版的《社会学主要思潮》一书中这样评述道："静力学和动力学是奥古斯特·孔德的社会学的两大部分……社会静力学揭示人类社会的基本秩序。社会动力学叙述这一基本秩序到实证主义这一最终阶段之前，所经过的曲折历程。"（《社会学主要思潮》，pp.65-66）。

简单说，孔德的思路就是比照牛顿力学体系的"葫芦"，为社会学"画瓢"。静力学，用来分析社会结构；动力学，用来分析社会演化。你会说，这不挺好的吗？好是好，但在今天互联网的背景和氛围之下看，孔德搞错了两个问题。

第一个问题是，他把个体当作物理学的"质点"。虽然传统社会学也分析所谓群体、家庭、团队、组织；但把个体当质点看，就必然会把情感、欲望、意图等等，仅看成个体质点的"参数"，而忽略内在的丰富性（这一点，认知神经科学大有用武之地）。彭特兰认为，"我们（对人类社会）的理解框架，停留在18世纪。"为什么这么说？他引用亚当·斯密的《道德情操论》指出，人出于本性不仅交换物品，还交换想法、帮助和同情之心。

这是一个非常重要的洞察。我们一直在使用"旧的思想底座"，且浑然不觉。彭特兰抓住了一个朴素但至关重要的概念——想法（idea）。

"想法"，一个极其普通的字眼。人们念出这个词汇的时候，往往意味着两件事：其一，想法是"个人"的事情；其二，想法稍纵即逝。

在彭特兰这里，"想法"以及"想法的流动"是探查人类交互秘密的钥匙，通过测量想法流，可以就社会构建、团体形态改变、人际交往获得启发。

彭特兰认为，"我们的社会已经开启了一场可与印刷和互联网所带来的革命相比肩的伟大旅程。我们第一次获得真正了解我们自身和社会如何演变所需要的数据。通过更好地理解我们自己，我们将有可能构建一个没有战争或金融崩溃的世界，一个快速发现和遏止传染病的世界，一个不再浪费能源、水和其他资源的世界，以及一个政府是用来解决问题而不是制造问题的世界。”

统观全书，核心问题就是：想法的交换如何驱动并改善人类行为？人们如何通过大量的参与合作，来发现、选择和学习新的策略并协调行动？

与孔德不同，**彭特兰将视角盯在“想法流”上，将其作为看待人类关系构建、社会结构演进的新的视角，在互联网特别是移动互联网和社交网络大行其道的今天，这一视角更具有开创意义。**

孔德社会学搞错的第二个问题是，在传统社会学中，社会结构和演化的形式，服从所谓牛顿力学的原理，完全从“外部性”给出描述。参与，被看作物理行为。

彭特兰比较了 2004 年詹姆斯·索罗维基( James Surowiecki )提出的“群体智慧”与“社会学习”的概念。他认为，詹姆斯的群体智慧只是想法的“汇聚”，而不是想法的流动，特别不是想法的互动。比如无记名投票、点赞、网页下载、排行榜单等，这些都不是彭特兰眼中的想法流的例子。

好的想法流，源于仔细和持续的社会探索。在彭特兰看来，实证主义注重研究“个体的动力学原理”，过分强调了对个体“建模”。用我自己的语言说，“这是对的，但却是不够的”。通过社会参与促使想法流动起来，并进而催生新的想法，是社会建构的重要驱动力。

比如说，书中列举了证券交易网站 eToro 的案例。交易者通过模仿、跟随交易达人的交易策略，通过轻松“搭便车”，就可以获得不俗的业绩。这种看似简单的模式，只有在互联网环境下才能得以实现。彭特兰将其称为“上帝之眼”（god’s eye）——这是一种“全局学习模式”，即任何人都可以纵览交易全局，都可以面对一幅全景地图做出自己的决策。**在这种语境下，社会学习是想法流的关键；多样性是想法萌生的土壤；特立独行则是催化想法流的典型风格。**

## 对“测量”的反思

“想法流”如何测量？这是一个很实际的问题。

说到社会测量，传统社会学对此似乎很了解。比如法国社会学家涂尔干（Émile Durkheim，1858—1917）第一个把统计学导入社会学。他研究了巴黎历年自杀的数据，写出了《自杀论》（1897 年）一书。社会调查与统计学是今天社会学基本课程的必修工具。样本、抽样、假设检验、方差，这些术语对社会学工作者来说十分熟悉。但是，彭特兰对此提出尖锐批评，他认为真正的社会测量是“实时的、基于全体的”。惟此，才有可能真正建立社会学研究的基石。

这里，引用美国哥伦比亚大学社会学家巴顿（Allen Barton）的一句话，他曾批评“社会学统计方法”，是“社会学的绞肉机”（sociological meat grinder），把活生生的人，转化为干巴巴的统计数据，然后煞有介事地做出种种分析和判断。

**彭特兰提出基于“想法流”的社会测量，包含三个关键词：流动性；社会网络；可视化。**

比如说在本书第 4 章“集体智能”中，彭特兰指出：大部分认为影响团体表现的因素（例如聚合度、动机和满足感）从统计学上来看，都不重要。最重要的是“话题轮换的平等性”——由少数个体主导的团体，拥有更低的集体智能。几乎所有大大小小的会议中，你都能领略彭特兰这个发现的趣味。好的会议、好的互化，充溢在大量短小、生动、密集的发言中，大家彼此回应对方，话语的“轮换次数”非常之高——“轮换次数”就是彭特兰测量想法流的一个指标。

2012 年 4 月，彭特兰在《哈佛商业评论》发表文章《塑造伟大团队的新科学》，文中指出，“要想从使用组织结构图的管理中解放出来，就需要放弃依靠个体才能管理组织的方法，并转而通过塑造互动模式来获得更好的集体智能。”

通过这种“参与式流动”，可以在社交网络的基础上重新塑造组织的智能，进而运用可视化的方式增进社会的智能。10 年前，彭特兰的团队发明了一款叫作“社会计量标牌”（Sociometric Badge）的新颖测量工具，大小像今天的智能手机，可以悬挂在胸前。里面内置了重力加速度计、摄像头、麦克风、红外测量等传感器。它可以实时记录对话者的话语轮换、说话的频度、相对视角、语气、语速等等。这种交互计量装置并不去记录谈话的“内容”，而是通过这些参数来刻画谈话者之间的“交互关系”。

让对话者之间，或者一群对话的人能实时感知到对话的“氛围”，这是彭特兰的一大创举。彭特兰认为，一旦人们能够看到实际的互动模式，就能开始讨论如何最好地管理它们。以往，人们在对话中往往倾注大量的精力，陷入概念辨析、理由陈述、观点捍卫和结论说服之中，忽略了倾听，忽略了维护一种良好的交互氛围的重要性。究其原因，恐怕正在于“谈话内容”是可见的，而“谈话氛围”是不可见的。

彭特兰通过强调互动行为，把“参与”呈现在了人们的面前。这一点让我联想到商务智能（BI）中充斥着大量的“驾驶舱”、“决策仪表盘”等概念，以及“用数目字管理”（黄仁宇）的理念。这些传统工业管理的思维固然对，但不够。差在哪里？主要问题是看不清结构。“看见结构”是参与的最大目的。看见更高次元的知识地图，这是共有知识的更高层级（参见 2005 年诺贝尔经济学奖获得者奥曼与谢林关于“共有知识”的理论）。彭特兰因此说，“重要的是参与，而不是所说的内容”。

2009 年，美国国防部高级研究计划署（DARPA），用“红气球挑战赛”来纪念互联网诞生 40 周年。在全美布设 10 个红色气球，任何一个能找到全部气球坐标的个人和组织，将获得 4 万美元奖金。在全部 4 300 余个参与团队中，彭特兰率领的团队最终获得冠军，他们仅用时 8 小时 52 分 41 秒，就将全部 10 个气球的坐标标示完毕。

在这一竞赛中，大家所能想到的最佳策略无疑是“众包”，但彭特兰团队的众包策略与众不同。它的要点在于，与其把任务分解到每个人，不如快速创建一个相互配合的组织。如何快速创建一个协作型组织？过去的组织者往往采用市场化的思维，强调对个体的激励，员工在同样的 KPI 之下相互竞赛。彭特兰则将投资花费在构建“社会纽带”方面，而不是单纯地激励个人（详见该书第 3 章）。他认为，强社会纽带有利于想法流动，从而带来社会协同的积极力量。因此，彭特兰的“想法流动性测量”，其实瞄准的是社会纽带强度的测量，这才是促进合作机制的基础。

传统的社会学和经济学中，社会结构被看作种族、阶级、政治权势、社会地位塑造的产物，忽略了跨社会阶层的思想、想法的流动性，特别打破壁垒、塑造边疆的创新思想、人际互化的流动性。这正是彭特兰思考的起点。

在彭特兰 2010 年出版的著作《诚实信号》（*Honest Signals*）中，他指出“与内容无关的互动模式，可以准确测量想法流和决策”。著名社会学家帕特南（Robert Putnam）在《独自打保龄》（*Bowling Alone*）中也提到，“我们是想法、商品、恩惠和信息的交易员，而不只是传统的市场思维所造就的竞争者。”

从这个角度看，**彭特兰的所谓社会物理学，其实就是强调物质、能量流动之外的第三种流动性：思想、信息的流动性，并进而探讨由此带来的社会结构、认知结构的演化和变迁。**

## 从测量到感知

“想法流”是一个极富启发性的理念。就此产生对“想法流”的测量也属合情合理。但是，如果仅仅停留在“测量”这个词语的表面意义上，似不能全然领会彭特兰思想的深意。

“测量”当然很重要。只要想一想从建造埃及金字塔、修建罗马大道以来的人类测量活动，就可以理解测地术、星相学、算术与几何在人类文明发展史中的价值。说测量推动了人类文明进程，是一点都不为过的。

但是，字面含义的“测量”，或者“度量”，总是指这样一类活动：用某种“尺度”来衡量事物，以便获得某种公共认可的比较标准。通俗地说，测量就是用某种标准尺度，对事物进行“量化”的过程。这一理解有三个假设：其一是存在某种公认的“尺度”，从而有“度量衡”；事物是可量化的（或者说是需要量化的）；测量有助于对事物的认知。

这三个假设都对，但是都不够。不够在哪里？借用“具身性”（embodiment）这一概念（G. Lakoff & Chris Johson），西方认知历程中的测量，一直以来是“离身认知”（disembodied cognition），即将事物的属性从事物中“抽离出来”。这虽然是测量的应有之义，但在今天看来，这种理念有很大的局限性。这种局限性，突出地表现在，暗地里假设了主体和客体两分世界的合理性（即笛卡尔主义）。

莱考夫和约翰逊对这种具身性认知做了这样的评述（《我们赖以生存的隐喻》，1980）：心智过程是具身的，是指认知的心智过程需要认知者与周遭环境实时、联系、密集的交互作用（甚至是彼此缠绕、嵌入、渗透的过程），具身性是“遭遇的连续谱”；认知中蕴含大量的隐喻，而隐喻是思维图式的核心内容，在这个意义上，测量其实是“隐喻的某种变现”；最后，认知总体上是“无意识”的，即认知过程是卷入、沉浸式的觉知、感受、体验过程。

当我们面对互联网大谈“体验”的时候，如果仅仅把“体验”投射到某种传统的“测量”手法，以便获得所谓“大数据”的洞察的时候，我认为我们的思路可能已经走入了死胡同。我们在用“数据的尸体”取代活生生的体验。

彭特兰的价值就在这里。他首先让我们把社会交往、关系看作社会认知的基础，然后他聚焦“想法流”这样一个生动活泼的过程，最后（尽管他也采用大量的测量手段）他试图将想法流“呈现”在对话相关者的面前。让想法流成为可见的，这是一个伟大的思想。

MIT媒体实验室里面，还有一个著名的实验室，是皮卡德（R. W. Picard）创办的“感知计算实验室”（Affective Computing）。所谓感知计算，就是要把心理学、生理学、生物学的种种表征，诸如情绪、感知、喜怒哀乐，统统纳入社会学衡量的视野。想想今天的日益繁多的可穿戴设备（虽然很初级）、虚拟实景，你就可以理解感知计算有多么重要。说到这儿，你可以明白，为什么彭特兰被誉为“可穿戴设备之父”，而他却在社会学也做出如此突破性的贡献了吧！

可穿戴、实时、全体、社会测量、流动性，这些概念已经完全颠覆了传统社会学的基本架构。对此，我的理解有二。

一个是社会学将从关注个体（以及由个体组成的群体）转向关注“关系”，关注互动，关注流动性；另一个是，社会学将会与心理学、认知科学、脑神经科学结盟，进入关系互动的“有温度、有气息、有情感”的境地。

因此，彭特兰的 Idea Flow（想法流）这个词汇，两个单词都很重要：Idea 不是罗丹《思想者》中那个低头沉思的男人形象（西方哲学为男性哲学，阿伦特）；而是弥漫、充实在人心间，洋溢在外表的东西；Flow 不是传播学、物理学意义上的迁移、发送，而是哲学意义上的流动性（赫拉克利特）和心理学意义上的“爽”（芝加哥大学心理学家希斯赞特米哈伊）。

彭特兰在本书的前言中写道，“拥有最好想法的并不是最聪明的人，而是那些最擅长从别人那里获取想法的人，推动变革的并不是最坚定的人，而是那些最能与志同道合者相处的人。最能激发人的并不是财富和声望，而是来自同伴的尊重和帮助。”

“想法”及其“流动”，在我们的传统语境下，只能透过文本、记忆、回溯、印象来辗转印证、彼此衔接，但在彭特兰的“社会物理学”里，他让这种被测量行为“缩编”之后的符号世界再度充盈起来，让“关系”这一术语不再是硬邦邦的“连接”的同义反复，也不是东方语境下暧昧色彩浓郁的那种感觉，而是本身就具有了生命的活力。

如何利用社会网络激励，来改变基础、从而掌控这种力量来塑造想法流？中世纪的信仰来自天启；启蒙运动的信仰来自理性；互联网的信仰来自交互与想法流。想法流是彼此接触的产物，是具身的伴生物，而不是逻辑思辨的过程。在这种新的“社会物理学”图景下，我们看到的绝不仅仅是牛顿力学的“物理交互”画面，而是溶解、催化、裂解的“化学反应”，乃至繁衍与遗传、选择与适应、合作与竞争的生物学、生态学反应。

在本书的第四部分，彭特兰热情洋溢地描绘了社会激励下的合作与协同、群体参与下的权力解构与建构，指出了基于功能设计的城市规划的失败，以及基于“数据新政”引领下的城市实践、社会分配解构和交换的重要性——虽然，作为一名实证主义研究学者，他对未来社会的描绘还停留在畅想阶段，彭特兰的梦想刚刚显露出一丝生命的绿意，但这一爿绿色，必将强劲生长。用他自己的话说，就是“首先要着眼于想法的流动，而不是财富的流动。这是文化规范和创新的源泉。”

推荐序二

# 我们都是大数据时代的海狸

何帆

中国社会科学院世界经济与政治研究所研究员

1973 年，彭特兰还只是个大三学生，他到美国国家宇航局环境研究所实习，做一名电脑程序员。分给他的一项任务是开发一个利用人造卫星，从外太空数清加拿大海狸数量的软件。人造卫星离地球太远，海狸的个头太小，难以精确测度。彭特兰灵机一动，想出一个主意：海狸会建造水坝，通过水坝的数量，可以推测海狸的数量。重要的不是去数每一个海狸，而是观察海狸们的生活方式。

在之后的四十多年里，彭特兰一直沿着同样的思路思考问题，只不过他关心的不再是海狸的数量，而是人类社会的秩序。彭特兰的学术道路充满了戏剧性。他完成了海狸软件项目之后，对大学生活感到非常沮丧，中途辍学，去当卡车司机了。后来，他又想回到校园，本来报考的是密歇根大学，但他的女朋友去了波士顿，于是，彭特兰就改为申请麻省理工学院和哈佛大学。他懒得再写一份新的申请书，直接复印了给密歇根大学的申请书。结果，麻省理工学院录取了他。

彭特兰和麻省理工学院里别的科学怪人不同，他一直对心理学感兴趣，想利用人工智能等高科技分析人类的社会行为。拿到博士学位之后，彭特兰曾经到斯坦福大学做过一段研究，1986 年又回到麻省理工学院，逐步建立自己的团队和实验室。如今，他是麻省理工学院人类动力学实验室的主任，培养了一批批优秀的科技人才，还孵化了至少 30 家高科技公司。

传统的经济学模型认为每个人都是“理性人”，会独立地做出自己的决策。彭特兰的研究则指出，人与人之间存在着广泛的信息交流和传播，这种信息的交流与传播会影响到人们的社会行为。传统的经济学模型依据简单的前提假设进行逻辑推理，而彭特兰的研究则依靠大数据。他们有一个庞大的家庭数据库，实时观测 30 多个行为指标，每 6 分钟就更新一次数据。他们还有一个大学宿舍的实时监测系统，这些大学生刚入学，彭特兰就送他们每人一部智能手机，这部智能手机中的软件会监测学生们的通话、社交活动等信息，累积连续记录了 500 000 个小时的数据。

与传统经济学理论的假设不同，彭特兰发现，人们在做出决策的时候总是会模仿他人的行为。这是有道理的，模仿别人是最有效的学习方式。如果你买了一台新电脑，比如你过去用的是 IBM 的小黑本，但现在想换一台 MacBook Air，但操作系统跟过去用的不一样，你会怎么办？你是照着操作手册一条一条边读边摸索，还是请教一个用过 Mac OS X 的朋友呢？

你身边的人会在不知不觉中影响你的行为。比较经典的案例就是体重的变化。如果你身边有熟人体重增加了，你很可能也会慢慢变胖。不过，有趣的是，如果你身边有人成功减肥，却不会对你有太大的影响。而且，只要是熟人，就会影响你的行为，倒不一定非得是跟你亲密的好朋友。你的政治观点也会受到熟人的影响。一般来讲，政治观点相似的人们更愿意厮混在一起，而你和这群人待的时间越久，彼此互相打气，潜移默化中，你的观点会比以前更加偏激。

这就是信息交流中的“双刃剑”。一方面，“独学而无友，则孤陋寡闻”，但另一方面，如果是抱团取暖，就容易党同伐异，虽起于意见之歧，实成于意气之激。彭特兰曾经观察过一个投资者群体的行为。投资者们互相交流心得，比较各自的交易策略，慢慢地，成功投资者的身后会聚拢一批追随者。一开始，这些成功投资者和他们的追随者的收益率会不断提高，但聚拢来的人太多了，就会出现“羊群效应”，原本能够脱颖而出的交易策略也就失效了，大家的收益率反而比不跟风的时候更低。

乔布斯曾经说过，创新就是把不同的事物联系起来。有创新力的人们知道怎样把自己的经验融会贯通，并尽可能地整合其他人的经验。我们要是想变得更有创新力，就必须注意：**第一，社会学习是重要的。**能模仿别人的经验就尽量模仿别人的经验，同时也要从别人的失败中吸取教训，这比自己在黑暗中摸索，把所有的错误再犯一遍要更划算。**第二，多样性是重要的。**如果所有的人都说你错，你可能还会有一线机会是对的；如果所有的人都说你对，那么你很可能离犯大错不远了。尽可能地让你的社交网络广泛，尽可能地让你的团队成员有差异性，最正常的状态应该是一半人说你对，一半人说你错。**第三，特立独行是重要的。**站在潮流之外的人很可能看得最清楚。他们可能会选择和潮流相反的方向。他们有可能是极其高明的智者，也可能是脑子坏掉的疯子。你怎么能够判断他们的选择是否正确呢？尽可能地多接触背景不同，但各有各的智慧的高人，如果你发现在他们中间，有一个相当大的子集已经形成了逆势操作的共识，这个判断很可能会是对的。

在大数据时代，我们一路走过，留下来很多信息“面包屑”，这些信息

“面包屑”暴露了我们的行为，甚至我们的心理活动和潜意识。当掌握了海量信息之后，我们有可能让一个团队或是社会变得更有效率和活力。**大数据尤其在三个方面能够大显身手：一是社会动员（social mobilization）。**比如在网络上发动大家寻找“人肉搜索”贪官，在台风、地震之后动员全社会的力量救灾。**二是调节社会网络（tuning the social network）。**当一个组织的内部变得“同质性”太强的时候，就要及时地补充新的成员，增加多样性；当一个群体内部的信息交流变得过于频繁、密集之后（比如，人们对传播谣言的兴趣超过了深入交流），适当地控制信息交流的速度，或有助于让人们更关注真实的重大问题。**三是影响社会契约（leveraging social engagement）。**人们生来就是群居动物，当我们彼此合作的时候，比如一起跳舞，一起划船，人的身体内就会释放出更多的内啡肽，让我们更加愉悦和兴奋。

但人们也会在合作中遇到“囚徒悖论”、“公地悲剧”这样的困境，这主要是因为人们各为己利，互相忌惮。如果能够改变激励机制，让人们从团队成员的成功，而非单纯从自己的成功中得到奖励，就会激发人们的合作动力。在科里·帕特森（Kerry Patterson）的《影响力 2》[①]一书中就讲过一个故事，一个企业雇佣了很多刑满释放人员，而且成功地改造了这些人从监狱和帮派中沿袭下来的“丛林法则”，诀窍之一就是把他们分成一个个小组，奖励和惩罚都不针对个人，而是针对小组。

我们都是大数据时代的海狸。我们不仅能被观察者观测，被分析师研究，我们也能利用大数据，改变自己所在的团队，甚至社会。我们会建造自己的水坝。规则已经不一样了。**你如何行动，取决于你如何认识未来的规则：在大数据时代，合作比竞争更重要，交流比交易更重要，灵活的同伴关系比冰冷的阶级斗争更重要。**

---

① 本书中文简体字版已由湛庐文化策划，中国人民大学出版社出版。——编者注

**SOCIAL PHYSICS**

How Good Ideas Spread—
The Lessons from
a New Science

目录

## 第四部分
# 数据驱动的智慧社会

SOCIAL PHYSICS

How Good Ideas Spread—
The Lessons from
a New Science

前言

# 我生活在未来

我工作的麻省理工学院（MIT）是创新世界的中心，世界上几乎所有的新想法或新技术都会从 MIT 公之于世。而且，MIT 也是世界上新兴公司分布最稠密的地区（尽管硅谷的占地面积更大）。MIT 媒体实验室既是我的“智力之家”，也是世界上最前沿的“未来之地”。15 年前，我加入了世界上第一个电子人团队，团队中的每个人都在工作和生活中随身携带无线连接的计算机和具有计算机显示的眼镜。当时大家提出的许多想法如今已经逐渐推向世界：我以前的学生现在正领导着世界上最顶尖的商业项目，包括 Google 眼镜和 Google+。

我所处的特殊环境让我拥有得天独厚的机会，能够在第一时间了解创造性文化是如何孵化出新想法，帮助这些想法发展和成长，并最终付诸实践的。也许更为重要的是，我也看到了如何改变创造性文化以使之在 MIT 这种超连接、以星际航速发展的环境中得以蓬勃发展——这种环境正在逐渐覆盖整个世界。

我从这些经历中学到，许多关于我们自身以及社会如何运行的传统想法都是错的。**拥有最好想法的并不是最聪明的人，而是那些最擅长从别人那里获取想法的人。推动变革的并不是最坚定的人，而是那些最能与志同道合者相处的人。最能激发人的并不是财富和声望，而是来自同伴的尊重和帮助。**

这些想法对于MIT媒体实验室、我的研究小组以及我所指导的企业家精神项目的成功都是至关重要的。我并不讲授传统课程，而是为学生们提供新想法并让他们彼此产生互动。在我担任媒体实验室学术负责人的这段时间里，在我的推动下，媒体实验室放弃了传统的评分体系，转而尝试建立同伴社区，并把在实际项目上的相互尊重与合作当作成功和获得更大支持的标准。毕竟，我们生活在社会网络，而不是课堂或实验室里。

我写作本书的动机来自我在MIT媒体实验室的做事方式与世界上其他地方的人的做事方式之间的显著冲突。例如，我曾创建了亚洲媒体实验室，这是协助印度几个大学相互联系的分布式组织。当时我遇到的最大问题之一，就是研究人员的疏离导致他们的研究既滞后又低效。同一领域的研究人员即使任职于同一所大学也几乎从不见面，因为大学管理人员和研究基金管理部门认为，研究人员阅读彼此的论文就足够了，不需要与人面谈或参加会议。而事实上，只有当他们在非正式的时间见面并一起讨论时，新想法才会开始涌现，处理问题的新方法才能开始传播。

我在世界经济论坛中主持了“超连接的世界”（hyperconnected world）的论坛，该论坛旨在寻求大数据的应对之道，并对私人信息的不可控传播带来的挑战进行了特别关注。在交流中，我发现许多高层政府领导和跨国企业CEO对创新和合作同样缺乏理解。我清楚地看到，大多数政府领导和CEO思考创新和集体合作的方式与我在MIT看到的存在着巨大的差异。大多数人想的仍然是一些较为静态的术语，例如竞争、规则以及偶尔被提及的复杂性。而我则倾向基于一些更为动态、更具有进化性的术语进行思考，着眼于网络中想法的流动、社会规范的产生以及复杂性的产生过程。大多数人在思考时使用的框架是以个人和渐近稳定性结果为中心的，而我采用的则是“网络中的增长过程”这种社会物理学的思考方式。

为了理解这种思维差异，我开始了一项长达 10 年的研究，试图建立一个严谨的智力框架。该框架通过社会互动来扩展现有的以个人为中心的经济和政策思维，把社会学习和社会压力作为推动文化发展、支配超连接的世界的多个方面的主要力量。

从学术上看，这一研究项目取得了惊人的成功，社会物理学框架中每个部分的研究者都在世界顶尖的科学期刊上发表了论文。我希望这些论文能够进一步深化对复杂性和网络科学领域的研究，并为进化动力学提供新视野。

但是，正如大家所知，学术论文毕竟是学术性的。因此，我努力把这些想法付诸实践，创建了几家创业公司。我们通过使用这些学术成果让企业变得更高效、更富有创新力，让移动社交网络变得更智能，让一个普通人也有可能成为成功的投资者，让整个社会在社交和精神方面的“健康”取得进一步的发展。这些实际行动同样取得了惊人的成功，这在很大程度上也得益于我以前学生的远见卓识——如今他们已经成为这些公司的 CEO。

本书开启了一场更大范围的讨论，这场讨论的目标是促使社会物理学的语言能够为大众使用，为传统的市场竞争和调控语言提供必要的细微差别的表述。在一个超连接的世界中，社会动力学对结果的影响非常重要，因此更好地理解社会物理学已经变得至关重要。

引言

# 更好的想法流，更智慧的社会

新想法是如何产生的？如何将它们付诸实践？我们如何构建合作、高效并富有创新性的社会结构？这些问题在当今全球化竞争、环境挑战和政府行为失效的大背景下显得尤为重要。

几个世纪以来，我们已经见证了西方文化的繁荣，这在很大程度上归功于从包括亚当·斯密（Adam Smith）和约翰·洛克（John Locke）[①]在内的启蒙运动思想家那里传承下来的范式。他们的思想框架为上述关键问题提供了解答。在此基础上，我们创造了一个由竞争和交换决定物品分配和政府政策的多元化社会。

然而，近年来，实现了人机结合的互联网颠覆了我们的生活，带来了更广泛的参与和更快速的变化。互联网让我们生活的各个方面联系日益密切，让各种事物的演变速度越来越快。我们逐渐淹没在滚滚而来的信息洪流中，不知道究竟应该关注什么，应该忽略什么。

① 约翰·洛克（1632—1704），英国光荣革命时期著名的思想家、哲学家和经济学家。他与乔治·贝克莱、大卫·休谟三人并列为英国经验主义的代表人物，代表作为《人类理解论》。——译者注

整个世界似乎正处在失控的边缘，一个发布在诸如 Twitter 这样的社交媒体上的帖子甚至可能引发股市崩溃和政府垮台。尽管数字网络的使用改变了经济、商业、政府和政治的运作方式，我们仍然无法真正洞悉这些新型人机网络的本质。**世界似乎在一夜之间演变成了一个人类和技术共存的联合体，它既拥有无与伦比的力量，也具有前所未有的弱点。**

遗憾的是，我们并不真正了解应该如何应对这个新世界。我们理解和管理世界的方式早在更为庄严、连接更少的时代就已成形。目前我们对于世界的看法萌芽于 18 世纪后期的启蒙运动，正式形成于 20 世纪上半叶。那时事物的演变速度要慢得多，并且真正推动变革的往往只是一小群商人、政客或某几个富豪家族。因此，我们在思考如何管理社会时，往往会提及“市场”和“政治阶层”等术语，这些都是对缓慢演变事物的抽象概括。在这种管理方式下，每个人都拥有对等的信息以及足够理性地行动的时间。

而在今天这样一个“超连接”的世界中，这些假设已经超出了它们原本的适用范围。在虚拟网络世界中，汇聚来自世界各地的数百万人只需要几分钟，而且每天在网上发帖和评论的数百万人都可能是不同的。我们生活的时代早已不再是一个金融交易只能发生在实体交易所、政治磋商要经由一小群人在烟雾缭绕的暗室里达成共识的时代。

要了解这个崭新的世界，我们需要对已经熟知的经济和政治思想进行扩展，使其能够包含这种数百万人相互学习并影响彼此观点的情况所产生的影响。**我们不能再仅仅把自己当作谨慎决策的个体，必须要考虑那些影响个人决策，驱动经济泡沫、政治革命和互联网经济的动态社会效应。**

亚当·斯密深知，引领市场的“看不见的手”除了竞争之外，还有社会结构。他在《道德情操论》（*Theory of Moral Sentiments*）中指出，出于本性，人不仅交换物品，还具有交换想法、互相帮助，以及对彼此富有同情心等特点[1]。此外，他认为这些社会交换引领着资本主义创造出有利于社会的解决方案。不可忽视的是，在他生活的时代，城市里几乎所有的资本家都彼此认识，并在舆论压力下努力成为“好公民”。如果没有强有力的社会纽带带来的义务，资本主义往往会走上贪婪之路，政治也常常会变质。但是，在当今全新的超连接世界中，大部分纽带都是弱连接，“看不见的手”也不再起到那么重要的作用。

本书的目的是要建立社会物理学以更为充分地解释人类行为。为此，社会物理学对传统的经济和政治思维加以拓展，使其不仅包括竞争力，也涵盖了想法、信息、社会压力和社会地位的交换。

为了实现这一目的，我们不仅需要解释社会互动如何影响个体目标和决策，还要理解社会效应是如何产生类似亚当·斯密所说的神秘的“看不见的手”的[2]。只有在理解了社会互动和竞争力是如何共同作用之后，我们才有望确保这个“超连接”、网络化社会的稳定性和公平性。

## 想法流，行为转变与创新的推动力

社会物理学是一门定量的社会科学，旨在描述信息和想法的流动与人类行为之间可靠的数学关系。社会物理学有助于我们理解想法是如何通过社会学习机制在人与人之间流动的，以及这种想法的流动最终如何形成公司、城市和社会的规范、生产率和创意产出。它能够让我们预测小群体、公司内各个部门甚至是整个城市的生产率，还能帮助我们校正沟通网络，以便可靠地做出更好、更高效的决策。

社会物理学的观点都与想法在人们之间的流动有关。这种想法的流动既体现在沟通模式或社交媒体消息

> **社会物理学** SOCIAL PHYSICS
>
> 社会物理学是一门定量的社会科学，旨在描述信息和想法的流动与人类行为之间可靠的数学关系。

传递的模式中，也体现在评估人们花费多少时间共处、是否会去相似的地点并拥有相似的体验上。**正如我们将会看到的那样，想法的流动对于理解社会至关重要。这不仅是因为及时的信息对高效的系统来说非常关键，而且更为重要的是，新想法的传播和结合是行为转变和创新的推动力。**

我选择使用“社会物理学”这个名词，正是出于对想法流的关注：传统物理学旨在了解能量的流动是如何转化为运动的改变的，社会物理学旨在了解想法和信息的流动是如何转化为行为的改变的。

**SOCIAL PHYSICS 大数据的力量**

### 提高在线交易员的业绩

我们举一个社会物理学的实际应用例子。那些交易日在社交网络上分享信息的交易员中，通常只有极少数的交易员能赚到大笔利润，大部分的交易员都难以赚钱甚至会赔本，这显然是交易员和他们的经纪人不愿看到的。为了提升交易员的业绩，经纪人尝试过一些标准化的解决方案，例如设法提升交易员的知识和专业水平。这些传统方法确实能起到一些作用：在某个案例中，有一组交易员的业绩平均提升了大约两个百分点。

后来，一名经纪人同意让我的 MIT 实验室尝试使用社会物理学的方法来解决这一问题。我们以用来分析社会网络中想法传播的数学模型为基础，分析了交易员在社交网络上分享的数百万份详细信息。我们发现网络中社会影响的作用异常强大，并会进而导致“羊群效应”，即交易员会对彼此过度反应，以至于所有人都倾向于选择同一个交易策略。

社会物理学的数学模型表明，解决这一问题的最好方法就是调整社会网络，以减缓网络中新策略的传播速度。在做出这些改变之后，投资的平均回报翻了一番，彻底击败了标准的经济学方法。

减缓想法传播速度的说法在标准的管理学手册里是找不到的。这种积极的结果也并非偶然：我们基于数百万比特数据进行了数学分析，才设计出精确干预方案并精确预测了干预结果。这些公式是社会物理学的数学的一部分，我会从第 1 章开始进行解释。

## 社会物理学，数据新科学

社会物理学这个名词由来已久。对它的第一波关注可以追溯到 19 世纪初，当时人们把社会视为一部巨大的机器，这是从牛顿物理学衍生而来的比喻。但事实上，社会并非那么像机器。对社会物理学的第二波关注始于 20 世纪中期，当时的研究发现许多社会指标都具有诸如 Zipf 分布 [3] 和万有引力定律 [4] 这样统计上的规则性。（Zipf 分布是指在自然语言的语料库里，一个单词出现的频率与它在频率表里的排名成反比。）与此同时，社会科学家也改进了关于社会互动基本机制的理论 [5]。近期，社会物理学研究迎来了新一波热潮，我们发现了人类移动和通信中的统计规则性，以及其与经济指标之间有趣的相关性 [6]。这类新型数据也让社会科学理论变得更加定量化 [7]。

然而，这些努力还未能真正建立起驱动社会变化、产生统计规则性的机制。已有的理论和数学模型仍然是碎片化的，并且难以应用于实际。我们需要超越单纯地描述社会现象，可以构建社会结构的因果理论。这一领域的研究进展正向着大卫·马尔（David Marr）① 所称的行为计算理论发展：如何用数学解释社会为什么会产生这样的反应，以及这些反应怎样解决（或为什么不能解决）人类的问题 [8]。

这种关注人类生产过程的行为计算理论，正是构建更好的社会系统所需要的。这一理论能够将社会互动的机制与我们新近获得的海量行为数据结合，以构建更好的社会系统。

① 大卫·马尔（1945—1980），英国神经系统学家与心理学家，计算神经科学的创始人。——译者注

本书就是这样一种实用理论的开端，它是基于我们近期在世界权威科学期刊上发表的系列论文而撰写的。这一理论涉及的一组简单数学模型可以用浅显的语言加以阐释，并且这些数学模型能够较为准确地解释本书中介绍的许多实际案例。这些案例包括：金融决策（比如经济泡沫之类的现象）；“引爆点”（tipping point）——行为变化的级联反应，招募数百万人参与搜索、节约能源；社会影响及其在形成政治观点、购买行为和健康选择中的作用。

对于一个实用理论的终极检验在于它能否促成好的结果（也就是对设计而言，它是否足够好）。为了回答这个问题，我将展示这一新理论是如何被用于构建更好的企业、城市和社会机构的。

这一新的社会物理学框架在社会科学领域独树一帜，将为小群体、企业、城市、甚至整个社会等不同规模的机构提供定量结果。如今，一些商业机构在日常工作中使用社会物理学框架来服务上万名用户，进行包括金融投资、健康监测、市场营销、提升企业生产率和提高创意产出等活动。

当然，社会物理学作为一门科学的重要性不仅体现在它能提供精确有用的数学预测上。如果社会物理学仅仅是复杂的数学，它将只能被受过特殊训练的专家使用。

**我相信，社会物理学的终极影响力在于它是否能够为包括政府领导和行业领袖、学者和普通公民在内的使用者提供一种比市场和阶层、资本和生产等陈旧词汇更为出色的语言。**

“市场”、“政治阶层”和“社会运动”等词汇塑造了我们对世界的看法。它们固然有用，但也代表着过于简单化的思维，束缚了我们清晰而有效思考的能力。在本书中，我会提出一套新的概念，相信它们可以用来更为准确地探讨当下、筹谋未来。

## 大数据、生活实验室与社会之镜

驱动社会物理学的引擎是大数据：近来无所不在的、关于人类生活的各个方面的数字数据。社会物理学的作用体现在分析人类活动的规律，以及人类活动所留下的数字“面包屑”（通话记录、信用卡交易记录和 GPS 定位等）里包含的想法中。这些数据通过记录每个人做出的行为决定来描述日常生活。这和人们写在 Facebook 上的内容有很大不同，Facebook 上的“状态”是人们选择告诉他人的内容，而且这些内容是根据当时的标准编辑过的。但是，我们究竟是怎样的一个人不是通过我们声称自己做了什么，而是通过我们去过的地点以及我们购买的物品等痕迹更为准确地决定的[9]。

**SOCIAL PHYSICS 社会物理学洞察**

分析这些数字“面包屑”内的规律的过程称为现实挖掘（reality mining），我们可以通过它在很大程度上了解分析对象究竟是怎样的一个人。我和我的学生们发现，这种方式可以用于判断人们是否有可能患糖尿病或者是否会按时还款。我们通过大量人群的模式分析，已经可以开始解释经济崩溃、革命、金融泡沫等以前那些看上去像随机的“上帝之舞”的事情。为此，《麻省理工科技评论》杂志（*MIT Technology Review*）把我们在现实挖掘方面的进展称为“年度十大突破性科学技术”（详情请见深度洞察“现实挖掘”）。

社会物理学中使用的科学方法和其他大部分社会科学有所不同，因为社会物理学主要依赖“生活实验室”（living laboratories）。什么是生活实验室呢？假设我们拥有一种能力，能够将整个社区放进一个假想的房间里，并记录和展现社区成员行为、沟通和社会互动的所有细节。而且在连续几年的实验周期内，社区成员能够继续着他们的日常生活。那么，这就是一个生活实验室。

在过去的 10 年间，我和我的学生们具备了创建和使用生活实验室的能力。我们可以连续数年监测整个社会组织——小群体、公司和整个社区。方法很简单：我们通过收集手机、社交媒体上的帖子和信用卡交易记录等数字痕迹来进行监测。为此，我们开发了用于保护实验人群的权利和隐私的法规和软件，使人们能够充分了解自己的数据被用于何处，明白自己拥有随时退出实验的权利。我们提供的解决方案对于更好地改进全球公民的隐私保护具有重要作用，我会对此做出解释。

数十亿条电话记录、信用卡交易记录和 GPS 定位为科学家提供了新的透镜，使我们可以观察到社会的细微之处[10]。正如荷兰镜片制造商设计了第一副实用镜片，从而使研究人员能够制作出第一代显微镜和望远镜一样，我的实验室研发了能够收集整个社区所有数字痕迹的工具，这让我们制造出第一个实用的“社会之镜”（socioscope）成为可能。这些新型工具可以全方位观察生活的各种复杂性，将成为社会科学的未来。和显微镜和望远镜为生物和天文研究带来革命一样，生活实验室里的“社会之镜”将会让关于人类行为的研究焕然一新。

## 洞察一切的“上帝之眼”

目前，大多数社会科学都以分析实验室现象或调查结果为基础，换言之，是基于对平均或典型的描述。这些方法并没有体现现实生活中我们的思维在同时运转时的复杂性，并且忽略了关键的一点：我们与哪些人互动、如何互动等细节与市场作用力或阶层结构等概念同样重要。社会现象是由个体之间数十亿的微小交换组成的——人们交换的不仅包括货物和金钱，也包括信息、想法，甚至是小道消息。这些个体交换中隐含的模式推

> **现实挖掘** REALITY MINING
>
> 大数据是无所不在的、关于人类生活的各个方面的数字数据。它是驱动社会物理学的引擎，分析大数据中数字痕迹的规律的过程被称为现实挖掘。

动了经济崩溃和“阿拉伯之春”等现象的发生。我们有必要了解这些微观模式，因为它们不只是与理解社会的传统方式平起平坐 - 大数据通过人与人之间的海量交换网络为我们提供了洞悉社会各种复杂性的机会。

如果我们拥有能洞察一切的“上帝之眼”，就极有可能真正理解社会是如何运作的，从而采取措施来解决人类面临的问题。遗憾的是，如图 0-1 所示，源自传统社会科学的数据（标记为 1）几乎全都靠近坐标原点（0，0），这意味着这些数据是在几小时内从小于 100 人那里收集到的。标记为 2 和 3 的研究是一些迄今为止规模最大的社会科学研究[11]。在过去的 10 年间，计算社会科学家开发了使用大数据的方法，并使用来自手机运营商和社交媒体公司的数据集。这些研究的典型案例在图 0-1 中标记为 4。然而，这些大型的数据集也是很单薄的，因为它们每次只测量少数几个变量，对人性的反映非常有限。

社会物理学追求尽可能丰富的定量描述。标记为 5、6 和 7 的研究来自我的研究小组，我们使用了智能手机收集数据；标记为 8 的研究使用了智能电子标牌，也称“社会计量标牌”来收集数据（详情请见深度洞察“现实挖掘”）；标记为 9 的代表“数据促进发展”（Data for Development，简称 D4D）数据集，它涵盖了科特迪瓦（Ivory Coast）的全部人口。

简单看一下图 0-1 就可发现，与以前的社会科学数据集相比，这些社会物理学数据集的规模要高出好多量级。这些大型的数字数据集涵盖了数量惊人的，客观、连续并且密集的数据，帮助我们构建了日常情况下人类行为的复杂的定量预测模型。

重要的是，标记为 10 的点象征着世界演进的方向。在未来几年，我们将很可能掌握几乎所有关于人类行为的无比丰富的连续数据。这些数据大多存在于移动电话网络、信用卡数据库和其他地方，但目前只有技术专家才能够获得这些数据。然而，随着在科学研究中获得这些数据变得更为容易，社会物理学这一新科学也将更上一层楼。一旦实现对人类生活模式更精确的可视化，我们就有望采取更适合复杂、互联的人类和科技网络的方式来理解和管理当代社会。

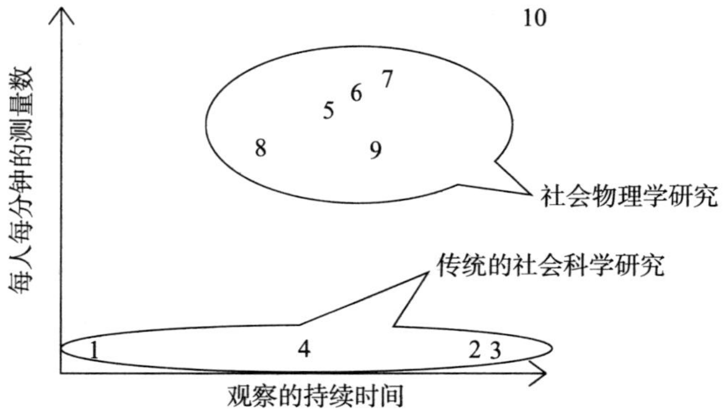


横轴表示数据收集的持续时间，纵轴显示的是收集的信息的丰富程度。数据集包括：1. 绝大部分的社会科学实验；2. 中西部试验站（Midwest Field Station）；3. 弗雷明汉心脏研究（Framingham Heart Study）；4. 大型通话记录数据集（Large Call Record）；5. 现实挖掘（Reality Mining）；6. 社会演化（Social Evolution）；7. 朋友和家庭（Friends and Family）；8. 社会计量标牌；9. 数据促进发展数据集（http://www.d4d.orange.com/home）；10. 世界演化的方向。

**图 0-1　社会科学观察和实验的定性综述**

为了支持本书的论点，我把世界上几个规模最大、最详细的生活实验室数据集放到了网上。这些新型的数字信息源能够让我们精确地测量人与人之间、消费者与商家之间的互动模式，把人们生活经历的模式用图表体现出来。这些生活实验室数据集包括以下几方面。

- **朋友和家庭：**由年轻家庭组成的小社区约 18 个月的数据，涵盖各式各样的社会计量变量，包括位置、距离、沟通、购物、社交媒体的使用、手机应用程序以及睡眠等[12]。我们每隔 6 分钟测量 30 个行为变量[13]，这一研究涵盖了长达 150 万个小时对于人类社会经历的定量观察。

- **社会演化：**一个大学寝室 9 个月的数据，包括每隔 5 分钟测量的位置、距离和沟通信息，以及健康、政治和社会计量变量[14]。这一研究涵盖了长达 50 万个小时的定量观察。
- **现实挖掘：**两个大学实验室的研究生 9 个月的数据，包括每隔 5 分钟测量的位置、距离和电话使用，以及几个社会计量变量[15]。这一研究涵盖了超过 33 万个小时的人群互动。
- **标牌数据集：**一个白领工作场所 1 个月的数据，包括每 16 毫秒测量的位置、沟通和肢体语言，以及对工作流和任务的精确测量[16]。

这些特定的生活实验室细致地勾勒出了美国人生活的画面，那么，包含了绝大部分人口的发展中国家的生活又是怎样的呢？2013 年 5 月 1 日，我主持了“数据促进发展”项目的揭幕仪式，这也许是世界上第一个真正意义上的数据公地：它描绘了科特迪瓦整个国家的移动状态和通话模式，以及经济、人口调查、政治、食物、贫困和基础设施的数据。这些数据是根据美国联邦政府对人类受试者法的相关法规合法获取的[17]。

这些聚合的匿名数据是由移动运营商 Orange 捐赠的，得到了比利时鲁汶大学（Catholic University of Louvain）和我的 MIT 研究小组的帮助，以及科特迪瓦的巴库国立大学（Bouake）、联合国全球脉动计划（Global Pulse）、世界经济论坛和全球移动通信公司贸易协会（GSMA）的合作支持。在本书的最后一章，我们将会看到这一数据公地是如何被用于帮助科特迪瓦的政府和公共服务部门进行革新的。

## 用想法交换驱动人类行为

本书旨在解释社会物理学是如何汇聚关于人类行为的大数据和社会科学理论，进而创造出一门可以并且已经被应用在许多真实场景中的实用科学。

在第一部分里，我将通过事例来诠释社会物理学中两个最重要的概念，奠定一些理论基础。

- 社会网络中的想法流，以及它是如何被分为探索（寻找新的想法 / 策略）和参与（让大家协调彼此的行为）的。
- 社会学习，即新想法如何成为习惯，以及如何通过社会压力加速和影响学习。

本书的第一部分还会介绍我们如何使用数字“面包屑”获得对社会影响、信任以及社会压力等概念的精确、实用的测量。这一技术能帮助我们测量社会网络内的想法流，并有效利用形成现实情景中社会学习模式的激励。我会用来自在线社交网络、健康、金融、政治和消费者购买行为的事例来诠释社会物理学的运作方式。

在本书的第二部分，我将用现实生活中的各种例子来展示社会物理学是如何被用于构建更加灵活、更有创造力、更高效的组织。这些例子涉及研究实验室、创意广告部门、后台支持部门和呼叫中心等。

第三部分将从城市这一更大的层面来探讨社会物理学。我将主要集中分析如何使用社会物理学重新设计城市，使城市更有效率、更富创新、更具活力。

在最后一部分，我会讨论如何将社会物理学运用到社会机构中。我将探讨数据是如何驱动社会中政府职能的转变和法规结构的不断完善，并提出改变隐私规定和经济调控的建议。

我希望读者能够在阅读过程中学会社会物理学的思维方式。这种新方法由于其定量和预测的特征而在很多方面与经济学类似。本书使用的许多语言确实都来自经济学。但是，社会物理学不是研究经济体如何工作、经济如何运行的，而是旨在理解想法的流动是如何转变为行动的。换言之，**社会物理学并不是研究金钱的交换如何驱动市场，而是研究想法的交换如何驱动人类行为——人们如何相互合作以发现、选择和学习策略并协调行动。**

社会物理学在表面上与其他学术领域，例如认知科学也有相似之处，但大部分认知科学与社会物理学还是有很大不同的。社会物理学关注的是作为习惯和规范主要驱动力的社会学习，而不是个体的思维和情感。社会物理学的一个基本假设在于，从他人的举止（以及相关的语境特征）中学习是人类行为变化的一个主要甚至可能是主导的机制。正因为社会物理学并不试图捕捉内在认知过程，它在本质上是概率性的，即由于回避了人类思维生成的本质而具有不可避免的不确定性。

## 开启一场伟大的变革

正在兴起的社会物理学涵盖了经济学、社会学、心理学，以及网络科学、复杂性科学、决策和生态科学，并通过大数据把它们融合在一起。我们构建的社会系统不再局限于市场、阶层和政党等集合，而是考虑了想法交换的具体模式。这将有助于营造一个更好地避免市场崩溃、种族暴力、宗教纷争、政治僵局、腐败横行以及过度集权的社会。为此，我们首先需要建立有利于增长和创新的科学、可靠的政策，构建保护隐私和公众知情权的信息和法律框架。这些措施能让我们对政策的执行有全新的认知，明白自己何时被欺骗或蹂躏，并能够快速有效地采取行动解决问题。

这一由数据驱动的社会构想隐含着数据不会被滥用的假设。然而，洞察市场和政治革命并预测和控制它们的能力如同普罗米修斯之火——既可以用作善果也可用于恶途。

> 简而言之，要想实现数据驱动的社会可能带来的各种精彩，就需要“数据新政”（New Deal on Data）：可行的保障措施，以便既可方便地获得为了公共利益而需要的数据，又能有效地保护公民[18]。保护个人隐私和自由对任何社会的平稳发展都至关重要。
>
> **SOCIAL PHYSICS 社会物理学洞察**

在过去的5年里，我与他人共同主持了一场旨在保障个体自由的讨论，参加对象包括政治领导人、跨国企业CEO和公益组织。这场讨论的结果就是“数据新政”，它目前正在美国、欧盟和其他国家的贸易规章中得到落实[19]。这些改变令个体对涉及他们自身的数据拥有了前所未有的控制权，为公共和私人领域带来了更高的透明度和更深刻的洞察力。

尽管这些改进能够保护市民不受公司的侵犯，却难以保护公民免受政府的侵犯。2013年6月，美国国家安全局前雇员爱德华·斯诺登（Edward Snowden）揭秘了美国对通话记录和互联网数据的大规模监控。斯诺登把这些监控称为“压迫的建筑”（architecture of oppression）。我们需要一场新的公共辩论来探讨个人隐私和政府对个人数据的收集与使用之间的平衡——“数据新政”必须延伸到政府层面。同时，我们也需要采用电脑和通信技术使政府难以越权。

此外，我们的社会系统也需要有更可控的实验。当今政府和公司发布的新政策和系统基于的都是很弱的论据。目前社会科学使用的科学方法并不能使我们满意，在大数据时代甚至可能面临崩溃的危险[20]。咖啡或糖对我们来说有利还是有害？几十亿人消费这些产品已经超过一个世纪，我们应该对此有明确的答案，但我们真正有的却是似乎每天都在变的“科学的”观点。我们需要构建生活实验室来测试和证实构建数据驱动的社会的想法，从而让社会科学重获生机。

我们的社会已经开启了一场可与印刷和互联网带来的革命相比肩的伟大旅程。我们第一次获得了真正了解我们自身和社会如何演变所需要的数据。通过更好地理解自己，我们将有可能构建一个没有战争或金融崩溃的世界，一个快速发现和遏制传染病的世界，一个不再浪费能源、水和其他资源的世界，一个政府是用来解决问题而不是制造问题的世界。然而，为了实现这些目标，我们首先需要了解社会物理学，然后决定我们的社会应该把什么奉为至宝，以及我们为了得到它们甘愿做出什么样的改变。

# SOCIAL PHYSICS

HOW GOOD IDEAS SPREAD—
THE LESSONS FROM
A NEW SCIENCE

| 第一部分 |

# 从想法流到行动力

# SOCIAL PHYSICS

HOW GOOD IDEAS SPREAD—THE LESSONS FROM A NEW SCIENCE

第 1 章

# 探索

## 发现好想法和做出好决策

SOCIAL PHYSICS

- 收获能够带来伟大决策的想法的关键在于，从他人的成败中学习，并确保这种社会学习的机会充分多样化。
- 在衡量社会网络对于收集和提炼决策的影响时，想法流的速率是一个非常关键的指标。
- 人们的决定是个人信息和社会信息的混合体，而且当个人信息较弱的时候，人们更依赖社会信息。在人们不确定的情况下，社会学习对于提升自信心起着更大的作用。
- 你的成功在很大程度上取决于你探索的质量，并进而取决于你所拥有的信息及想法来源的多样化和独立性。

关于创新和创造力，人们总认为只有少数聪明绝顶的人才有产生伟大想法的魔力，而我们普通人只是偶尔灵光闪现。但这并不是我看到的，事实上，我发现最好的想法总是来源于仔细和持续的社会探索。

我所在的MIT是一个相当独特的不同思想的汇聚地。最明显的一点就是，我的许多波士顿同事都是世界上最出色的研究人员。此外，这里还有一些来到MIT、在我的企业家精神课堂上演讲，或资助我的研究的有远见的商业领袖。我也有幸在世界经济论坛上结识了不少来自世界各地的政治领袖，并与他们讨论新想法。此外，我在MIT媒体实验室还与社会上许多初露锋芒的艺术家们互动，而且这里还有一群来自世界各地最出色、最聪明的学生。

他们与普通人并无太大区别，你也许会对此感到惊讶。他们中的一些人经过磨炼成为世界级专家，但这并不是他们新想法的来源。正如史蒂夫·乔布斯（Steve Jobs）所言：

> 创造力只不过是把事物关联在一起而已。当你问有创造力的人，他们是如何做成某件事的时候，他们会感到一丝愧疚，因为

他们其实并没有做什么，他们只是明白了某些东西。一段时间之后，这对他们而言就是显而易见的了，因为他们能够把自己的经验联系起来，合成新事物[1]。

最善于保持创造力和洞察力的人是探索家。他们花了大量的时间来寻找新的人和不同的想法，却并不一定绞尽脑汁去发掘“最好”的人或“最好”的想法——他们要寻找的是具有与众不同观念和与众不同想法的人。

除了不懈地寻找新想法之外，这些探索家还做着另一件有趣的事：他们会遇到各式各样的人，而且他们习惯于向遇到的每一个人征求对于他们新近发现想法的意见，从而精选出最好的想法。对获得有创意的想法而言，观点和经验的多样性是一个重要的影响因素。那些能够让许多人感到诧异或有兴趣的想法成为主角，进而被组装成关于世界的新故事，来指导行动和决策。

最高效的人会不断地开发和评测新故事，并将新发现的想法加入故事中，然后向遇到的每一个人讲述。恰如生土可以用来制作美丽的雕塑，久而久之他们的故事也会变得愈发引人入胜。他们最终会付诸行动，把想法公之于众并接受实践的考验。对这些人而言，收获、筛选和塑造想法就如同玩乐。事实上，他们中的一些人将之称为“严肃的游戏”（serious play）[2]。

其实，科学、艺术或管理的主要工作是相同的：塑造一个关于世界的引人入胜的故事，并接受实践的检验。在科学领域，这些故事接受的是现实世界中行为的检验；在艺术领域，接受的是对他们影响当下文化能力的检验；而在管理学领域，则是对他们在商业或政府运作中能否成功的检验。

这种探索过程的目的在于寻找并筛选出少数好想法。然而，我们如何从中获得可以产生好决策的想法？这是否只是想法的随机组合，很少有我们个人智慧的贡献？是否存在一些对成功的探索而言至关重要的策略？

这一探索过程本质上是对一个人社会网络的搜寻，因此回答这些问题的出发点就是：**研究社会互动在寻找新想法并将其用于决策过程中所扮演的角色。**

对于原始人类群体的研究强化了一个观点：社会互动对于人类获取信息、决策起着核心作用。人种学家发现，几乎所有影响整个群体的决定都是在社交情景下做出的[3]。对于人类和动物而言，例外主要发生在诸如战争或突发事件等需要迅速做出决策的情形中[4]。

对于人类是如何演化到使用社会决策方式的最初猜想，是从许多不同的人那里把想法汇聚起来会带来好处。基本的概念在于通过把想法汇聚起来，可以得到优于个体判断的平均化的“群体智慧”（wisdom of the crowds）判断。这种想法的汇聚因数年前詹姆斯·索罗维基（James Surowiecki）所著关于“组织智慧”的书而为大众所知，并且对无记名投票选举、社交媒体上的“点赞”和“评星”以及网页上的下载计数器等都产生了启发作用[5]。

然而，证据表明，这种把想法汇聚起来的方法只对那些不存在社会互动的预估问题有效。换言之，这一方法假设人群中的每个人都是独立行动的。一旦存在社会互动，它就失效了：人们开始互相影响[6]，并导致恐慌、泡沫或引爆流行[7]。把想法汇聚起来的做法之所以对简单的预估问题有效，是因为各条信息在没有社会互动的情况下是充分独立的，所以我们能用简单的数字运算组合信息，例如取平均数或中位数作为答案。

遗憾的是，我们还没有找到汇聚更为复杂的策略信息的简单方式。当然，希望仍在。野外生物学家在观察动物群体时发现，社会

**社会学习 SOCIAL LEARNING**

社会学习，即新想法如何成为习惯，以及如何通过社会压力加速影响学习。包括通过观察他人行为学习新策略以及通过体验或观察学习新信仰。

学习（例如模仿成功的个体）可以提高觅食、择偶和栖息地选择等决定的准确性[8]。

对人类而言，反馈当前最佳想法的社会学习策略（也就是说，一种将收获想法的过程与专家评估想法的过程互相穿插的、有约束的、人为的社会互动）能产生一种即使是对小群体也有效的群体智慧效应[9]。但是，在动物群和人群中，这一群体智慧效应只有当个体的决策足够多样化时才有效[10]。**收获能够带来伟大决策的想法的关键在于，从他人的成败中学习，并确保这种社会学习的机会充分多样化。**

## 社会学习，超越“回音室效应”

人究竟是如何发现足够多样化的想法的呢？要想明白何种社会学习模式能够带来群体智慧，我们首先需要了解如何使用社会学习找出最佳的想法。

为了诠释群体智慧的由来，我将提及我和我的博士后扬尼弗·阿特舒勒（Yaniv Altshuler）、博士生潘巍（Wei Pan）所做的关于 eToro 社会网络的研究，以及发表在《哈佛商业评论》（*Harvard Business Review*）上的题为《超越回音室》（*Beyond the Echo Chamber*）的文章[11]。

SOCIAL PHYSICS 大数据的力量

### eToro，提高在线金融交易用户业绩

eToro 是一个面向普通交易员的在线金融交易平台，其最有趣的特征在于融合了一个叫作 OpenBook 的社交网络平台。社交网络用户可以在 OpenBook 上方便地查询其他用户的交易、投资组合和历史表现，但是却不能看到其他用户在效仿谁。以下是用户可以在 eToro 上进行的两种主要交易类型。

单次交易：本人进行一次普通交易。

社会交易：完全效仿另一个用户的单次交易，或者自动效仿另一个用户的全部交易。

许多用户公开他们的交易想法以让他人效仿。因为每当有人决定效仿另一个用户在 OpenBook 公开的交易记录时，后者就会从 eToro 获得一小笔钱。一个用户往往会选择效仿好几个用户。

2011 年，我们收集了 eToro 上 160 万用户的欧元 / 美元交易数据，以此考察近千万次的金融交易。这一例子的有趣和重要之处在于：我们能够确确实实地观察到社会学习进行的过程，跟踪这种学习对于人们决策的影响，并评估这些决策是否会获利。

简言之，这一网络平台让我们用“上帝之眼”观察社会学习，即个体之间的详细交流是如何同时影响他们的行为和最终金融结果的。很少有其他的数据集可以让我们如此清晰地观察社会探索，并判别哪种社会学习模式最有效。

图 1-1 显示的是 eToro 用户之间的社会学习模式：每个点表示哪一个用户（横轴）效仿了另外一个用户（纵轴）。“上帝之眼”在图中所看到的是任何一个个体都无法看到的：学习的全局模式。

图 1-1 最显著的特征或许就是点与点之间存在着大量空白区域。这意味着大部分用户只效仿少数几个用户，并且有很多用户并不效仿任何人。我们所观察到的是，一个个体交易员与其所效仿的对象之间存在稀疏连接的社会网络。因此，随着个体交易员决定效仿其他用户，新的交易策略就会通过社会网络在用户之间传播，并进而被其他交易员效仿。

同时，图 1-1 也清晰地表明社会学习的数量存在很大变数。有一块区域几乎被点完全覆盖，这意味着这群交易员之间存在着稠密的社会学习网络。另一个只有少数点的区域则意味着这群交易员之间只有少量社会学习发生。图 1-1 中的大部分区域里都有适中数目的点，则意味着大部分交易员处于社会学习的两个极端之间。

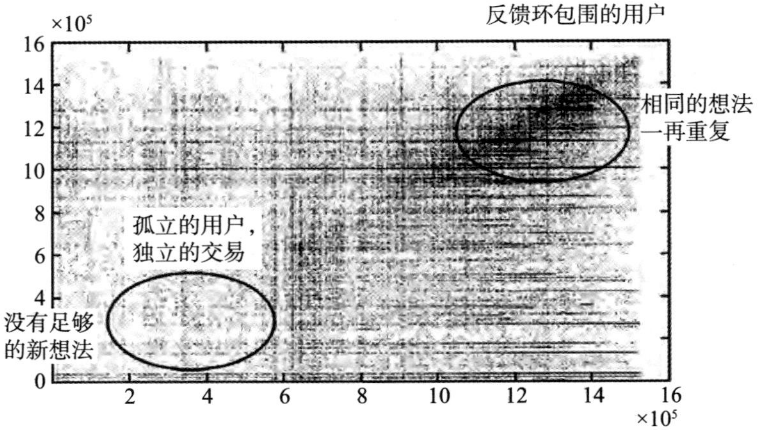


每个点表示一次社会交易。横轴表示每一个用户，纵轴表示一个用户所效仿的用户。左下圆圈区域对应的用户相对孤立和反社会，右上圆圈区域对应的用户互相效仿。

**图 1-1　eToro 社会交易图**

**SOCIAL PHYSICS 社会物理学洞察**

**这对个体交易员来说意味着什么呢？很显然，一些人由于与他人之间的连接过少导致社会学习的机会很少，另一些人则深陷在反馈循环的网络中，以至于他们只能反复地听到相同的想法，而大多数用户则拥有适中的社会学习机会。每一个在 eToro 上交易的人都有不同的探索模式，并因此采用不同的策略。**

## 想法流，智慧学习的分形舞蹈

**想法流** IDEA FLOW

行为和信仰通过社会学习和社会压力在社会网络中的传播。想法流受社会网络结构、每一对人之间的社会影响的强度以及个体对新想法的易感性影响。

什么样的探索和社会学习模式能够产生最佳结果？在扬尼弗把所有交易员的投资回报与交易员之间想法流的速率关系绘制出来之

后，我们找到了答案（想法流的速率就是在个体交易员决定效仿其他用户，并随之被其他交易员效仿时，新的交易策略沿着社会网络在用户之间扩散的速率[12]）。

图 1-2 显示了投资回报是如何随着 eToro 社会网络内部的想法流速率而改变的。在这张图中，每个点都代表所有 eToro 交易员一整天里的平均表现。这张图中的数据是基于总计约 1 000 万次交易记录计算得到的。横轴代表想法流的速率，而纵轴比较的是投资回报。我们对数据做了校正以消除市场整体波动的影响[13]。

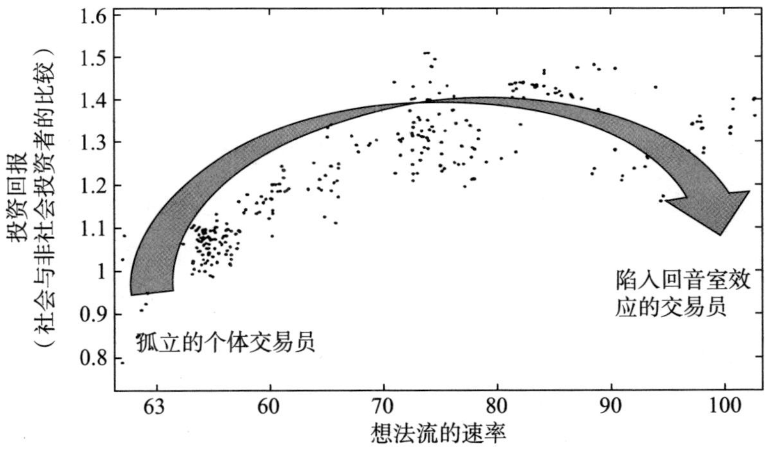


与个体交易相比，合适的想法流速率可以使投资回报提升 30%。

**图 1-2 想法流速率对投资回报的影响**

我们一眼就能看出，eToro 社会网络内部想法流的速率的范围很广。从孤立的个体交易员到陷入回音室效应的交易员，以及位于中间的群组的盈利情况

> **回音室效应** ECHO CHANBER SITUATION
>
> 信息或想法在一个封闭的小圈子里得到加强。

中，我们清楚地看到社会学习的效果是非常巨大的。当社交网络内的交易员的想法达到适当的平衡和多样化时，与个体交易员相比，他们的投资回报能提高 30%[14]。

对这一数字交易环境而言，群体智慧处于孤立行为和“羊群效应”这两个极端之间。这一中间地带正是社会学习（即效仿成功人士）能真正带来回报的地方。在后续章节中，我们将会看到这一群体智慧的概念在企业、城市和社会机构中再次出现。

这一智慧效应并非凭空出现，在猿类群体[15]和小型的人类团队[16]中都有类似现象，在计算机学习的算法网络模拟[17]以及社会学习的数学模型[18]中也可以看到。

我和博士后埃雷兹·史牟莉（Erez Shmueli）以及扬尼弗发现，一群社会学习者能自发形成无标度[19]分形网络（scale-free fractal network）①。这类网络中的连接要远比完全随机的网络多样化程度高，并且网络中的连接会以相同的无标度分形方式随时间变化[20]。随着学习者之间的连接模式趋于最优，整个群体的表现也会显著提升。最终，我们会看到把想法转化为智慧学习的分形舞蹈。

那么，想法流究竟是什么呢？社会网络中想法的传播和流感的传播有相似之处。以流感病毒为例，每当一个感染者和一个“新人”接触时，“新人”会存在一定的被感染病毒的风险。如果两人之间接触很多并且“新人”是易感者的话，他就很有可能得流感。如果大部分人都是易感者，那么病毒将逐渐扩散到大部分人之中。

① 对于无标度网络研究的全面介绍，可见无标度网络创始人艾伯特－拉斯洛·巴拉巴西（Albert-László Barabási）教授的著作《链接：商业、科学与生活的新思维》，本书中文简体字版已由湛庐文化策划，浙江人民出版社出版。——译者注

SOCIAL PHYSICS
社会物理学
洞察

想法的流动也与其类似。社会学习的过程意味着：如果在具有某种行为的个体（榜样）和一个“新人”之间有很多互动，并且“新人”是易感者，那么这一新想法就有可能生根发芽，并进而改变“新人”的行为。易感性取决于几个因素：包括榜样和“新人”之间充分相似从而使新行为可能对新人有用；两人之间具有较高的信任度；以及新想法和以前学习的行为之间的一致性。因此，想法的流动有时会相当慢，与广告公司喜欢谈的病毒营销大相径庭[21]。

我们针对想法流进行的评估是：当一个新想法出现在一个社会网络中时，网络中一个人的行为发生改变的可能性。这与流感季节患流感的可能性很相似，当然想法通常不如病毒散布得那么快和远。事实上，我们能够使用的可靠地激发想法流快速传播的唯一方式就是使用社会网络激励，我们将在后续几章中对此进行介绍。

## 提高想法流的速率是关键

上述 eToro 网络的例子非常清楚地表明，在衡量社会网络对于收集和提炼决策的功效时，想法流的速率是一个非常关键的指标。在后续章节中，我们将会看到想法流的速率还可以用来预测生产率和创意产出。但是，个体究竟该怎样做才能提高在社会网络内自身想法流的速率呢？幸运的是，方法很多。

SOCIAL PHYSICS
大数据的力量

### 贝尔明星实验

1985 年，卡内基梅隆大学（Carnegie Mellon University）的鲍勃·凯利（Bob Kelly）进行了著名的“贝尔明星”（Bell Stars）实验[22]。作为一个国际知名的实验室，贝尔实验室（Bell Laboratories）想要更多地了解明星员工和普通人之间的区别及其形成原因。是否存在天生的因素，还是说超常水平可以后天学习？贝尔实验室从全球顶尖大学雇用了一批最优秀、最聪明的人，但是他们中只有少数人的杰出潜能得到了充分发挥。事实上，大部分被雇用的人表现尽管稳定，却不能够为 AT&T 在市场中的竞争优势做出显著贡献。

凯利发现明星员工采用的是“预备性探索”，也就是说，他们会事先开发与专家沟通的可靠的双向通道，并建立起一种未来能够帮助这些明星员工完成关键任务的关系。此外，这些明星员工的网络与普通员工的网络之间存在两个重要的差别。首先，前者与其网络内的人维持着更强的联系，因此这些人的响应会更快、更有用。因此，这些明星员工很少浪费时间做无用功或者瞎摸索。

其次，明星员工的网络也更加多样化。普通员工仅从他们工作的视角来看待问题，并且总是盯着一点看；而明星员工的网络中却有担任多种不同工作角色的人，因此他们可以从顾客、竞争对手和管理者等不同的角度来看待问题。正因为如此，他们能够找到更好的解决方案。

**每个人也可以设法改变其个人习惯以提高想法流的速度。**2004 年，我和博士生坦辛姆·乔杜里（Tanzeem Choudhury）用社会计量标牌跟踪记录了 4 个研究小组之间为期两周的互动，并获得了平均每个实验对象长达 66 小时的毫秒级数据记录（关于这些标牌的详情请见深度洞察“现实挖掘”）[23]。

**我们发现，那些用充满活力、吸引人的互动方式产生更多参与对话的个体，对社会网络中的想法流更加重要[24]。这也正是我观察世界上最有效率的人时所发现的现象：他们通过持续与他人交流来获得新的想法，并且这种探索性行为会创造更好的想法流。**

**SOCIAL PHYSICS 社会物理学洞察**

**想法流还取决于社会学习和个体学习的结合。**例如，当个体看到他人选择与自己相似的策略时，往往变得更加自信，并且更有可能加大对这一策略的投资。人们的决定是个人信息和社会信息的结合体，而且当个人信息较弱的时

**社会网络激励** SOCIAL NETWORK INCENTIVE

在社会网络中能够改变人们之间的交流模式的激励。

候，人们会更依赖于社会信息。在人们不确定的情况下，社会学习对于提升自信心起着更大的作用[25]。这是很有道理的：因为当人们不知道能怎样的时候，他们可以通过花更多时间观察他人的行为来学习。

遗憾的是，这也可能导致过度自信和团体迷思（group-think）①，因为只有当人们拥有不同的个体信息时，社会学习的机制才能够改善决策。因此，如果外界信息来源（例如杂志、电脑、收音机等）太过雷同，团体迷思就真的很危险了。

与此类似，当社会网络中存在反馈环时，相同的想法会来回循环。但是人们可能意识不到这一点，因为想法在人与人之间传递的时候通常会出现些许的改变。人们很容易认为每个人都独立地想出了相似的策略,并因此过于自信。这种回音室里的过度自信效应是导致流行时尚和金融泡沫的原因之一。

有时候，这些回音室效应并没有导致好的结果，比如金融泡沫或恐慌一样。图 1-2 中稠密的反馈环区域其实就是一种金融泡沫。我们发现，拉脱维亚的某个交易员具有长期盈利的“运气”,随着时间的推移,人们开始效仿他,而这些人又被其他人效仿，不断扩张。社会学习就这样悄无声息地快速产生了一个使用拉脱维亚人策略的庞大“组织”。

然而，交易员们并不能看到整个网络中的社会关系，这意味着他们并不知道大家都在效仿拉脱维亚的那个交易员。他们认为彼此在跟随不同的“大师”，而这些“大师”是独立地想出相似策略的。正因为表面看来这一策略得到很多独立的支持，这些交易员才对此策略过于自信。不幸的是，所有的大师最后都会失败，而对于那些完全模仿这一拉脱维亚交易员的投资组合的人而言，结果将是一场灾难——泡沫终将破灭。

① 团体迷思，指的是团体在决策过程中，由于成员倾向让自己的观点与团体一致，因而令整个团体缺乏不同的思考角度，不能进行客观分析。——译者注

## 运用想法流校正网络

因为想法流考虑了社会网络结构、人与人之间社会影响的强度，以及个体对新想法的易感性等因素，所以它还扮演着另一个重要的角色：**能可靠地预测出某个因素变化会如何影响网络中所有人的表现**。因此，这一从计算导出的想法流概念能够让我们"校正"社会网络，从而做出更好的决策、获得更好的结果。

比如，当想法的流动太过稀疏和缓慢，或者太过稠密和快速的时候，我们能做些什么呢？在 eToro 的数字金融世界里，我们发现可以通过为个体提供少许激励来影响想法的流动，让孤立的交易员更多地和他人交流，并使那些联系过于紧密的人减少交流，转而寻求与圈子范围之外的人交流。

**SOCIAL PHYSICS 社会物理学洞察**

我和扬尼弗·阿特舒勒在一次有关 eToro 投资者的实验中使用了这一方法来校正社会网络，使它保持在具有健康的群体智慧的区域中。在此区域内，交易员拥有充分多样的机会进行社会学习，但又不会陷入同一想法不停循环的回音室中。这一校正使得我们能够将所有交易员的盈利能力提高超过 6 个百分点，也就是说，实现了盈利能力翻番[26]。

在这个例子中，我们的校正起到了打破回音室的作用，减少了现下流行策略的循环，并让新策略有了迎头赶上的契机。我们通过降低想法流的速率来提高多样性，让社会网络回到最有效的状态并提高了平均表现。我们通过管理想法流来校正网络，让在目前的金融体系中常常是输家的普通交易员成为了赢家。好的想法流不仅在金融网络中是财富，对于公司和城市而言也是如此。

这一校正的概念不只是针对 eToro，还可以用于很多不同的网络。我们观察到具有相同网络结构的例子包括：新闻记者的消息来源（以便判断报道是否全面），金融监管（确保考虑到所有可能的诈骗因素），以及广告宣传（确信抽选了足够多样的顾客意见）。因此，我和扬尼弗成立了一个叫雅典娜智慧（Athena Wisdom）的科技公司，以校正世界各地的金融和决策网络。

## 探索的三大要点

eToro 和贝尔明星实验的例子很好地展示了关系网络是如何决定现实世界的决策质量的。此后，我将使用“探索”一词来指代“使用社会网络获取想法和信息”。探索是把新想法带入一个工作团队或社区的想法流的一部分，关于探索需要记住如下 3 个要点。

- **社会学习是关键：**效仿他人的成功与个体学习相结合，要比仅依靠个体学习好得多。当你的个人信息不够清晰的时候，要多依赖社会学习；当你的个人信息足够强大的时候，则应少依赖社会学习。这些例子也告诉了我们关于好决策的重要细节。社会学习的威力体现在了社会网络中，增加你的联系人和网络的多样性能够使你更容易找到最佳策略。
- **多样性是重要的：**当每个人都选择相同的方向时，你的信息和想法来源极有可能不够多样化，这时你应该做进一步的探索[27]。团体迷思对社会学习而言是很危险的。如何才能避免团体迷思和回音室效应呢？你要将社会学习的建议与孤立个体（他们只有外部信息来源）所做的事进行比较。如果来自社会学习的所谓的直觉，仅仅是孤立的个体思维过于自信的形式，那么你很有可能正处于团体迷思或者回音室效应的情形中。在此情形中，一个出奇的好策略就是与直觉背道而驰。事实上，对于 eToro 的用户而言，这个策略的回报仅次于最出色交易员的回报。
- **特立独行者是重要的：**当人们的行为与他们的社会学习无关时，他们很有可能拥有独立的信息并充分信任这一信息以抗拒社会影响效应。尽可能多地找到这样的一些“聪明人”，并向他们学习。这些特立独行的人有时候有最好的想法，但有时候他们只是古怪而已。你怎么能够判别到底是哪种情况呢？如果你能够找到很多这样的独立思考者，并发现他们中很大一部

> 分人之间具有共识，那么一个很好的交易策略就是跟随这些特立独行者的共识。例如，在 eToro 网络中，这些独立策略的共识要比最出色的交易员的策略好两倍以上。

总之，人们如同处理想法的机器，将个人思考与社会学习结合。**你的成功在很大程度上取决于你的探索的质量，这进而取决于你拥有的信息及想法来源的多样化和独立性**。接下来的章节将会说明这一探索过程在组织、城市乃至整个社会的创意产出中所扮演的关键角色。

这些发现一个令人不安之处在于，我们所身处的超连接的世界可能趋向于一种拥有过多想法流的状态。在回音室世界里，时尚和恐慌是常态，人们很难做出好的决策。这意味着我们需要更加关注我们的想法是从哪里来的，并且应当主动地不去全相信大众的意见，而去跟从那些与众不同的想法。我们可以设计软件工具来自动实现这一过程，但我们必须为此追寻想法的起源。版权等旧体系是迈向追踪想法流的第一步，但我们还需要更为统一和灵活的机制。我会在最后两章回到这个话题，并讨论我们如何构建信任网络体系，使它既能保护个人隐私，也能允许充足的想法流存在。

最后，虽然我对我们的研究工作给出了文字的描述，但是这些研究的核心涉及复杂的数学。我和扬尼弗·阿特舒勒、潘巍、董文（Wen Dong）给出了将社会学习和探索过程量化的详细方程[①]，这些分析能够帮助人们找出从社会网络中获取想法并做出更好决策的最佳途径。通过使用这些方程，我们能够可靠地预测个体会选择怎样的行为以及这些行为能产生多么有效的结果，并且它们适用的范围可以从公司（本书的第二部分）扩展到城市（第三部分），直至整个国家（第四部分）。

---

① 这些方程是社会物理学的一个核心部分，对此感兴趣的读者可以参阅第 3 章最后的专栏“社会影响的数学”，也可参阅本书最后的附录二“数学”。

# SOCIAL PHYSICS

HOW GOOD IDEAS SPREAD— THE LESSONS FROM A NEW SCIENCE

第2章

# 想法流

## 让好想法汇成群体智慧

- 相比于对话、电话和社交媒体等更为直接的互动，无意间听到的评论或对他人行为不经意的观察对驱动想法流的作用会更好。
- 我们能够有意识地推断我们想要在哪一条想法的溪流中遨游，然而此后与那些想法的接触会潜在地塑造我们的习惯和信仰。
- 理性、有意识的思考是一种程序，它能够调用掌控日常生活所有细枝末节的行为习惯，就好像电脑程序中包含处理频繁使用的计算的子程序一样。

为什么有的公司充满活力和创意，有的公司却停滞不前？为什么有的公司里似乎每一个人都在狂热地工作，但却没有凝聚力或方向感？

传统的解释往往认为，这是因为这些有活力公司的工作精彩有趣，或者管理有方。但这却与我的发现背道而驰：我发现充满活力和创意的公司里存在不同种类的想法流，并进而产生了多样化的从社区内外学习的能力。在每一个例子中，相对于具体的管理技巧或者公司工作本身，我发现导致兴奋、无聊或狂热的原因与人们彼此耦合的紧密程度以及部门之间的分歧程度更为相关。换言之，如果我们想要更好地共事，就必须了解想法流的速率以及阻碍想法流的因素。

我把组织成员看作在想法的河流中航行的一群人。他们时而航行在拥有丰富想法的清澈的激流中，时而陷于一潭死水或可怕的漩涡里动弹不得。在某些时候，一些人的想法又会另辟蹊径，指向新的方向。对我而言，这就是社区和文化的真实所在，其余的只是表象和幻觉。

想法流是想法通过案例或故事在公司、家庭或城市等各种社会网络中的传播。这种想法的流动对传统，以及最终对文化的发展都非常关键，它促进了人与人之间以及时代与时代之间风俗习惯的传递。此外，融入这种想法流能够让人们不必冒个体试验的风险就学习到新的行为，不必进行繁琐的试验就能获得大量关于行为的集成模式[1]。

每一个聚合的社区都有自己的想法流，它使得社区成员之间可以吸收彼此的创新，甚至创造出一种独特的文化。这种“实践社区”的例子包括中世纪兴盛的工匠公会、当代的专业协会以及上一章介绍的 eToro 社区。

正如我们在第 1 章中看到的那样，恰当的想法流能让群体中的全体成员做出比个体独立决策时更好的决策。由于这些共同的习惯，社区形成了一种比个体智能更伟大的组织智慧。这种组织智慧产生于与人的互动和互相学习，以及对彼此想法的分享和检查中。

想法流依赖社会学习，这也正是社会物理学的价值所在：**通过我们与他人示范性行为的接触预测我们自身的行为。**事实上，人类太过于依赖从周围的想法中学习的能力，以至于一些心理学家将我们称为同类模仿者（homo imitans）[2]。通过社会学习，我们形成了一套共有的、在许多不同的情景中行动和应对的习惯。我们日常生活的细节都是基于习惯的，这些习惯聚集在一起塑造了我们的社会，比如我们在道路的右边（或左边）驾驶，早晨 8 点（或 6 点）起床，用筷子（或者叉子）吃饭，等等。

这种社会学习不只存在于人类社会，其他的灵长类动物，例如大猩猩和红毛猩猩也具有自然环境下的行为文化。例如，在采集食物上的创新有时可以在整个群落中传播，并且这种想法流用新的、更加高效的食物获取方式取代了旧习惯。尽管这种想法流改变了它们的习惯技能，但这些灵长类动物的文化依旧是简单固定的。

人类文明不断演进而猿类文明停滞不前的一个原因或许在于，和猿类不同，我们偶尔会选择跳进另一条溪流，与周围处于主导地位的想法流背道而驰。在第 1 章里我们看到，当我们使用社交网络来探索和检验新想法时，效果更好的新行为能够借此进入社区。通过从所处的社交网络与其他溪流交集的部分汲取想法（也就是穿过社会学家罗纳德·伯特 [Ronald Burt] 所称的社会体系中的“结构洞”①），我们促使创新产生。当我们选择跳进不同的溪流时，就汲取了新的习惯和观念；在一些情况下，它们能够帮助我们做出更好的决策，并且让我们的社区更为兴盛[3]。**我们可以把每一条想法流都视为一种组织智慧，它们在岁月里流淌，大家通过学习彼此的经验，共同发掘能够最好地适应周围的物理环境和社会环境的行为偏好和习惯模式。**

这与大部分西方人看待自身的方式相反。西方人认为，作为理性个体，人们知道自己想要什么并会自主决定采取何种行为来实现目标。难道说我们的偏好、行为方式等刻画理性的东西，既来自我们的社区，也源于我们自身？根据经济学家的定义，我们是否拥有相同程度的集体理性和个体理性？

## 习惯、偏好和好奇心，想法流的形式

为了回答这个问题，我们需要更深入地理解想法的流动是如何进行的，也就是周围的示范行为是如何变成我们的习惯、偏好和兴趣的。为了研究这个问题，我们进行了两项大数据的研究，一个叫作“社会演化”（Social Evolution），另一个叫作“朋友与家庭”（Friends and Family），涵盖了两个社区中每个人约 200 万个小时的互动数据，时间跨度超过两年[4]（详情请见深度洞察“现实挖掘”。论文和数据可见 http://realitycommons.media.mit.edu）。

① 罗纳德·伯特是美国芝加哥大学商学院社会学和战略学教授、著名社会学家。他认为某些个体之间存在无直接联系或关系间断的现象，从网络整体来看，就好像网络结构中出现了洞穴，这就是结构洞。将无直接联系的两者连接起来的第三者拥有信息优势和控制优势。——译者注

## 习惯

我们的习惯究竟是个人决策的结果，还是源于我们周围的想法流？我们已经知道，肥胖症、吸烟以及其他与健康有关的行为都受到社会学习的影响，而且社会支持是影响个体健康和幸福的一个关键因素。比如，针对“弗雷明汉心脏实验”（Framingham Heart Study）参加者的纵向研究表明，社会互动对于从肥胖到快乐的行为传播而言是很重要的[5]。然而，对于了解我们如何形成健康习惯，这些研究所起的作用还是有限的。因为它们大多仅覆盖朋友和家庭成员，而且大部分数据是稀疏和回顾性的，比如，研究采用了人们对事件回忆的稀少记录，而并非典型的实时、定量的测量结果。

SOCIAL PHYSICS 大数据的力量

### 你的体重还与谁有关

为了“回答习惯是如何形成的”这一问题，我的研究小组用一年时间研究了一个关系紧密的大学生宿舍内有益于健康的行为的传播。在我和博士生安摩尔·马登（Anmol Madan）进行的“社会演化”研究中，大卫·拉泽（David Lazer）教授帮助进行了实验设计和数据分析。我们为所有参与研究的学生提供了带有特别软件的智能手机，从而使我们能够追踪他们与密友和熟人间的社会互动。这个研究总共采集了超过 50 万个小时的数据，包括面对面互动、电话和短信，以及广泛的调查和体重测量[6]。多达数百 GB 的数据使检验有助于想法产生的因素成为了可能。

我们特别关注的一个行为是体重的变化，以及这种变化是否更多地受到朋友或社区同伴行为的影响。对大部分人而言，通常仅有少数同伴被归为“朋友”，大部分同伴仅是较少接触的“熟人”。同伴圈和朋友圈交集较少，因此这两个对比组的结果可以非常不同。

我们发现，一个人体重的改变与其和体重增加的同伴之间的接触具有很强的相关性，与其和体重减少的同伴的接触则没有强相关性。此外，与体重变化的密友进行社会互动对一个人的体重改变也没有任何显著的影响。我们在研究饮食习惯时发现了一种类似的效应，即与同伴的接触是关键变量。

在这个例子中，重要的并非单纯的直接互动，而是与体重增加的人的接触量，包括直接互动和间接观察。换言之，相比于对话、通话和社交媒体等更为直接的互动，无意间听到的评论或对他人行为不经意的观察对驱动想法流的作用会更好。**想法流有时更取决于目睹人们实际做了什么，而不是听他们说自己做了什么。**

事实上，每个个体与周围行为范例的接触，主导着我们在这一研究中考察的其他所有方面。它比一些个人因素，例如朋友的体重、性别、年龄、压力、幸福等更为重要，甚至比这些因素之和还要重要。换言之，与周围的行为示范接触所产生的影响、与智商对于考试分数的影响几乎一样强大。

也许有人会问，我们是如何知道接触周围的行为会影响想法流的，或许两者之间只是具有相关性呢？这是因为，在这个实验中，我们能够进行定量、同步的预测，从而证明其他非因果的解释是不合理的。更有说服力的是，我们能够使用接触和行为之间的联系来预测几个不同情形的结果，甚至通过操控接触来引起行为变化[7]。在一些具有类似效应的精心设计的定量实验室实验中，因果关系是确定的[8]。

人们似乎至少从与同伴（而不仅仅是朋友）的接触中学会了一些习惯。当其他人都拿起第二块比萨的时候，我们也很有可能这么做。对驱动想法流而言，接触比其他所有因素之和更为重要，这一点凸显了自动的社会学习对于塑造我们生活的极端重要性。

**SOCIAL PHYSICS 社会物理学洞察**

## 偏好

我们或许认为暴饮暴食是从周围同伴的行为示范中自然“吸收”的，但是我们周围的示范行为是如何影响理性的信仰和价值观的？我们对于人们的政治偏好尤其感兴趣：人们在投票时是如何决定选择谁的？我们的偏好也源自和周围人的接触吗?

SOCIAL PHYSICS 大数据的力量

### 投票与社会接触效应

为了研究这一问题，我们在社会演化实验中分析了学生们在2008年总统选举时所持的政治观点[9]。我们所研究的问题是：政治观点是反映了人们所接触的行为，还是在更大程度上产生于个体思考？我们给这些学生提供了特殊配备的智能手机，并通过追踪谁和谁花时间相处、谁打电话给谁、谁花时间在同样的地方等行为来监测他们的社会互动模式。

我们问了学生们各种各样的问题，包括他们对政治的兴趣、对政治的参与度、政治倾向以及最终投票给了哪一个候选人。这项研究总共收集了自动生成的超过50万个小时、有关他们互动模式的数据。然后，我们把这些数据与他们的信仰、态度和性格等调查数据进行了结合。

我们在仔细分析这些数据后发现，与拥有相似观点的人的接触量准确预测了学生们对总统竞选感兴趣的程度以及他们的自由—保守倾向①。这一集体观念效应非常明显：学生们与拥有相近观点的人接触越多，他们自己的观点就越极端。

更为重要的是，这意味着与拥有相似观点的人的接触量还预测了学生们最终的投票行为。对低年级学生而言，这种社会接触效应的规模与上一节介绍的体重增加效应的规模相近；而对高年级学生而言，他们有可能持有更固定的态度，因此这一效应的规模相对小一点，但仍然较为显著。

那么，哪些因素不能预测学生们的投票行为呢？和他们讨论政治的人的观点以及他们朋友的观点。和体重增加的情形一样，**周围同伴群体的行为**

① 美国的自由派和保守派是支配当代美国政治的主要思想流派。共和党是保守派代表，民主党是自由派代表。——译者注

**是驱动想法流并形成观点的最强大的作用力。**但需要注意的是：**起作用的不是直接互动的数量，而是与他人的观点和表达的接触量，**包括通过对话的直接接触和通过偶然观察的间接接触。**无意听到的评论和对他人行为的观察是想法流的有效推动力。**

政治偏好的情况更加复杂，因此当政治成为一个更重要的讨论话题的时候（比如在总统大选的电视辩论之前），这些学生会改变共处的对象。如果他们的政治观点偏向保守派，就会远离偏向自由派的熟人常去的地方。与此类似，如果他们偏向自由派，就会避免去有很多保守派熟人的地方[10]。

**SOCIAL PHYSICS 社会物理学洞察**

**令人欣慰的是，个体偏好至少起到了一些作用，因为人们选择与哪一群人相处有可能取决于他们对这一人群的评论和观点的舒适度。这一选择性接触的过程强化了人们的政治观点，但是一旦他们选择了一个阵营，对于相似想法的更多接触会持续塑造他们的思维，使他们逐渐成为真正的“信徒”。正如2002年诺贝尔经济学奖得主丹尼尔·卡尼曼（Daniel Kahneman）形容的那样，我们能够有意识地推断我们想要在哪一条想法的溪流中遨游，然而此后与那些想法的接触会潜在地塑造我们的习惯和信仰。**

## 好奇心

在体重控制和政治偏好的例子中我们看到，直接和间接接触是形成习惯和偏好的主要因素。对政治观点而言，与一个令人感到舒适的群体花更多时间共处，人们会更加难以接触到不同的想法流，从而更加坚定原有的信仰和习惯。

那么，我们关于新想法和信息的研究又如何呢？我们的好奇心和兴趣是来源于个体选择还是我们周围的人群？如果是后者，那么不仅是选择和采取新行为的过程，连想法流的来源本身也依赖于社区的共识。

SOCIAL PHYSICS
大数据的力量

## 朋友与家庭实验

为了研究发现新想法背后的过程，我与潘巍和纳德夫·阿哈洛尼（Nadav Aharony）启动了朋友和家庭研究项目来监测智能手机应用在一个由年轻家庭组成的社区中的使用情况[11]。我们为这一社区中所有的成年人发放了智能手机，并在手机上安装了特殊软件来记录谁打了电话给谁，谁发了邮件或信息给谁，哪些人在社交媒体上是彼此交流活跃的朋友，哪些人花时间面对面相处以及他们在哪里共度时光等。

为了评估下载应用的行为，我们通过检测他们在智能手机里下载了哪些应用来了解他们选择了哪些工具、游戏和信息来源。这些智能手机总共生成了超过 150 万个小时的自动记录的数据，其中包括参与者下载的应用以及人际互动模式。此外，我们收集了有关他们的信仰、态度、性格和其他特征的数百份调查[12]。

来自应用下载的数据可以帮助我们研究与这些选择有关的决策环境。通过这些数据，我们可以判断他们是否独立决策、是否受到广告的影响、是否受到与其他已经下载了某一应用的人的互动的影响。

当分析这一实验产生的数据时，我们首先检验了标准的社会学结果：具有相似特征（例如年龄、性别、宗教和工作等）的人倾向于下载相似的应用。然而，这种相似性效应仅为我们的预测带来了 12% 的准确性。相比较而言，当我们分析参与者通过所有交流渠道的接触，例如面对面互动（包括对话和偶然观察）、电话和社交媒体时，预测某个人会下载哪个应用的准确率高了 4 倍。因此，**即使是在一个看似完全属于有意识决策的环境中，与周围同伴行为的接触仍然是预测的主导因素。搜寻新的想法和信息如同新习惯的形成一样，似乎主要是由社会接触驱动的。**

在线情形的发现过程也是一样的。以我们发表在得到高度认可的公共科学图书馆（Public Library of Science）期刊《*PLOS ONE*》[13] 的文章中介绍的实验为例。

SOCIAL PHYSICS 大数据的力量

### 如何利用数据预测在线音乐网站的下载量

这个实验研究了收集自一个在线文化市场的数据，其中包含14 000名下载数字音乐的用户产生的数据[14]。与在线网站的常见页面一样，越流行的歌曲位置越靠前，每一首歌的下载量也跟在歌名后面。和之前应用程序使用情况的例子一样，我们发现可以通过一个简单的社会影响统计模型相当准确地预测用户行为。试听音乐的决定确实受到了在线社会影响（如歌曲的排名和下载量）的驱动。

然而，应用程序和音乐的例子与体重控制或政治偏好是不同的。在这两个例子中，我们都能够对人们的试用行为做出很好的预测，但是却不能够预测他们真正使用或购买了什么。**社会接触的效果是情报性的，而不是规范性的。它可以指引人们搜索新应用或新音乐，但某个试用的应用程序或试听的音乐往往并不会转变为习惯。**

在体重控制、政治偏好和下载应用程序这三个例子中，与同伴行为的直接和间接接触能够预测想法流。与同伴行为接触的影响和基因对行为的影响，以及智商对学业表现的影响大体相当。此外，在每一个例子里，与周围同伴行为的接触看起来是驱动想法流最重要的单一因素。

SOCIAL PHYSICS 大数据与社会物理学

这或许是因为从周围的示范行为中学习比仅从我们自身的经验学习要高效得多。在复杂环境中学习的数学模型表明，最佳的学习策略是花90%的精力来探索，即寻找并效仿那些做得好的人[15]，剩下10%的精力应该花在个体试验和透彻思考上[16]。

这种策略背后的逻辑很简单：如果其他人已经花费精力学习了某种有用的行为，那么效仿他们比再把整件事情想一遍要容易得多。举一个简单的例子：假设我们必须使用一个新的电脑系统，如果我们能够观察一个已经学会使用这个系统的人操作，那为什么还要阅读使用说明呢？人们非常依赖社会学习，并且因此变得更加高效。

> 重要的是，我们发现人们会通过改变他们所处的环境来改变自己接触到的行为。对所有这些发现的一种解读是，人们越想向一个特定的同伴群体学习（即越想融入这个群体）就会花越多时间与这个群体在一起。
>
> **SOCIAL PHYSICS 社会物理学洞察**

我们可以利用接触在驱动想法流中起到的作用来实现期望中的行为变化。比如，在诸如“体重观察者”（Weight Watchers）这样以团队为单位的减肥项目和诸如“最厉害的瘦身者”（*The Biggest Loser*）这样的参与式电视节目中，超重选手互相比拼，努力减去比对方多的重量。这些节目成功的很大一部分原因，可能就是一种类似的基于接触的机制。

如同斯坦利·米尔格拉姆（Stanley Milgram）关于社会一致性的研究[①]所表明的那样，当我们的同伴都在做同样的事时，不管他们体重增加还是减少，甚至出现电击等骇人的行为，这种周围示范行为的一致性都对我们潜意识的习惯和有意识的决定会产生很大的影响。许多评论家注意到，社会影响的力量能够让人们做出好或坏的行为，并且这种影响几乎到了令人难以置信的程度。在下一章中，我们会看到如何利用社会网络激励来改变接触，从而掌控这种力量来塑造想法的流动。我们将会看到，相比于传统的使用个体激励的方法，提供社会网络激励来改变想法流的方法要强大得多。

## 想法流汇聚同伴共享学习和群体智慧

“社会演化”和“朋友与家庭”的研究描绘了一个水手般的场景。我们都在想法（周围同伴的例子和故事）的溪流中航行，与这一溪流的接触塑造

① 斯坦利·米尔格拉姆是美国著名的社会心理学家，他在20世纪60年代做了两个著名的实验：一个是通过电击实验测试人们对权威的服从性的“权力服从实验”，也就是本书所说的关于社会一致性的研究，被誉为社会心理学领域最具影响力的实验之一；另一个是通过信件传递验证任意两人之间的平均距离服从“六度分离”的“小世界实验”，是社会网络分析最经典的实验之一。——译者注

了我们的习惯和信仰。如果愿意尝试，我们可以抗拒这一潮流，甚至选择航行到另一条溪流中，但是我们绝大部分的行为是由我们接触到的想法决定的。这些溪流内的想法流将我们个体的能量汇聚成一种由同伴的共享学习组成的组织智慧。

然而，对于我们中的大部分人而言，这并非一幅愉悦的画面。我们的原则在哪里？我们的道德观念在哪里？我们的理性思考和信仰体系又在哪里？为了了解理性思考在想法流中的作用，我们要梳理并分析习惯和信仰是如何产生的这一复杂问题。

我们能从两位诺贝尔奖得主——心理学家丹尼尔·卡尼曼和人工智能先驱赫伯特·西蒙（Herb Simon）① 的研究中发现这个谜题的关键[17]。如同图2-1描绘的那样，他们都肯定一个具有两种思维模式的人类心智模型：一种是快速、自动并且以潜意识为主的模式，另一种是慢速、推理并且以有意识为主的模式[18]。简单描述就是，快思考主要使用我们从自身经验和对他人的观察中习得的想法的关联来驱动我们的习惯和直觉；慢思考主要使用推理，结合我们的信仰以得到新结论（详情请参阅附录一“快、慢和自由意志”）。

对于许多任务而言，快思考要好于慢思考。大部分人在意识到这一点时都会感到惊讶[19]。当我们遇到一个复杂的问题并且涉及不同目标之间的权衡时，快思考中的关联机制通常要优于慢思考中的推理机制——在决策时间有限时尤为如此。因此，很多科学家认为我们绝大部分的日常行为都源于快思考——我们几乎没有时间用慢思考来仔细推敲。

① 赫伯特·西蒙，美国计算机科学家和心理学家。1975年获得图灵奖，1978年获得诺贝尔经济学奖。——译者注

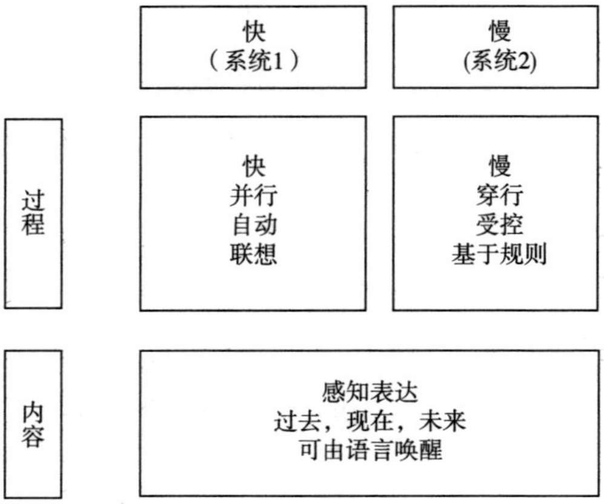


人类具有两种思考方式：一种是基于联想和经验的较老的能力（“快”），一种是基于细心、规则的思考（“慢”）（引自卡尼曼在诺贝尔奖颁奖典礼的演讲）。

**图 2-1　快思考与慢思考**

有意思的是，快思考在构建健康社会中似乎也扮演着重要角色①。心理学研究表明，与缓慢的、深思熟虑的决定相比，人们的瞬时判断更具有利他性和合作性[20]——无论是波士顿马拉松赛爆炸②发生时观众的反应，还是俄克拉何马龙卷风③时邻居的反应都体现了这一点。这些例子表明，这种位于人性核心的快思考在构建强大社区的过程中起着重要的作用。

**SOCIAL PHYSICS 社会物理学洞察**

虽然我们参与某种活动的决定可能是高层次和有意识的，但是很多活动

① 哈佛大学数学与生物学教授马丁·诺瓦克在其为《超级合作者》（本书中文简体字版已由湛庐文化策划，浙江人民出版社出版）撰写的中文版序中指出：快思考往往导致合作，而慢思考则会鼓励自私的行为。——译者注

② 2013 年 4 月 15 日，美国波士顿国际马拉松赛现场发生了连环炸弹袭击事件。——译者注

③ 2013 年 5 月 20 日，位于美国中央大平原的俄克拉何马州遭遇了致命龙卷风袭击。——译者注

本身是高度熟练和自动的，这些活动由快思考驱动，并且很大程度上不在我们的注意力范围内。最能体现我们生活的高度自动化特征的情形是，我们在进行自己擅长的某个活动的时候，比如处理日常生活事务、参与社交闲聊或是驾车、骑自行车等体力活动。我们往往很难解释自己到底做了什么，或者自己为什么有这些习惯性的行为，因为我们只是处于自动模式。

那么，快思考和慢思考与想法流和集体理性之间有什么关联呢？答案是：学习的过程以及在日常生活中的使用都与这两种思考方式不同。这些差别对于我们了解社区如何构建组织智慧是有意义的。

对于和事实相关的观点（例如“晚饭在 7 点开始”），要让另一个人转而拥有相同的观点，那么只要与一个可信同伴接触一次就足够了。相比之下，改变习惯性的行为偏好和兴趣，往往需要短时间内的多次接触。比如，如果一个工作群体中的每一个人都开始喝绿茶而不喝咖啡，那么很有可能其他人也会养成喝绿茶的习惯。**要把一种行为转变为自身习惯，我们就需要多次看到这一新行为产生的好结果（例如社会认可）。**

**SOCIAL PHYSICS 社会物理学洞察**

**我们的实验表明，人类连续的探索性行为是一种快速的学习过程，它由同伴之间的流行度引导。相比之下，习惯和偏好的接受是一个缓慢的过程，它需要在同伴社区中反复接触和感知验证。我们的社交世界既包括通过探索收获新想法的紧张和刺激，也包括随后通过与同伴互动来筛选这些想法，从而决定哪些想法应该转变为个人习惯和社会规范的更加安静缓慢的过程。**

随着时间的推移，我们形成了一套用于指导在许多不同场景中行动和应对的共享习惯。这些高度自动的行为习惯占据了我们绝大部分的日常行为。正如诺贝尔奖得主赫伯特·西蒙所言，**理性、有意识的思考是一种程序，它**

**能够调用掌控日常生活所有细枝末节的行为习惯，就好像电脑程序中包含处理频繁使用的计算的子程序一样。**

## 集体理性，而非个体理性

18 世纪末期，哲学家们开始宣称人类是理性的个体。人们对于被当作个体并被认为是理性的而洋洋自得，这一想法很快就渗入了西方上层社会几乎每个人的信仰体系中。尽管受到了来自教会和政府的阻力，这一关于理性个体的思想依旧取代了真理只能来自上帝和国王的假设。随着时间的推移，理性和个人主义的思想改变了西方知识界的整个信仰体系，而今天，它同样在改变着其他文化的信仰体系。

正如前文所言，新的数据正在改变这一论点，我们已经开始意识到人类行为不仅是由理性思考和个体需求决定的——它也同样受到社会环境的影响。经济学家使用“理性”一词来表示我们知道自己想要什么并且会付诸行动。但是，我的研究表明，人们的需求和行动决定往往是由社会网络效应主导的。

近些年来，经济学家开始转向有限理性的观点，这意味着承认人类具有偏见和认知局限从而无法做到完全理性。然而，我们对社会互动的依赖不仅是偏见或认知局限那么简单。正如第 1 章所言，社会学习是一种提升个体决策能力的重要方法。与之类似的是下一章将提到社会影响对于构建促进合作行为的社会规范起着中心作用。人类的生存和发展能力不仅来自个体理性，而且来自社会学习和社会影响。

这些数据表明，我们想要的、珍惜的东西，以及会选择怎样的行动来满足自己的需求，都具有不断演化的与他人互动的性质。**我们的需求和偏好大多是基于我们的同伴社区对事物的价值判断，而不是直接基于以个体生物本**

**能或者天生道德观为基础的理性思考**[21]。举个例子来说，在2008年的经济大萧条之后，许多房屋的价值突然低于其抵押贷款，研究人员发现只要有少数人抛弃他们的房屋和抵押贷款，就会导致很多邻居采取同样的行为[22]。这种在抵押贷款上故意违约的行为之前被认为是近乎犯罪或不道德的，如今却变得相当常见。用经济学的术语来说，我们在大多数事情上都是集体理性的，仅在某些领域是个体理性的。

## 想法流，智慧社区的关键

> **一个社区的组织智慧来源于想法流：我们从自己周围的想法中学习，而其他人又从我们身上学习。久而久之，一个成员彼此积极互动的社区就成为了一个拥有共同、集成的习惯和信仰的群体。当想法流吸纳了外界想法之后，社区中的个体就会做出比独自决策更好的决定。**
>
> **SOCIAL PHYSICS 社会物理学洞察**

事实上，在社区内建立组织智慧并非一种新思想，它早已内含在英语语言中。人们由现代英语中的一个词组“kith and kin”（亲朋好友）而熟知“kith”（亲友）这个词。“kith”源于古代英语和古代德语里表示知识的词，指的是一个具有共同信仰和习俗的较为紧密的集体，它也是单词“couth”（有教养的）及其更为大家所知的反义词“uncouth”（粗俗的）的来源。因此，我们的亲友是同伴圈（而不仅是朋友圈），我们会从他们身上学习“正确的”行为习惯。

我们的祖先明白我们的文化和社会习惯都是社会契约，并且都主要取决于社会学习。因此，我们大部分的公共信仰和习惯都是通过观察同伴的态度、行为和结果学习，而不是逻辑或辩论得来的。正是对这种社会契约的学习与强化，才使得一群人有效地协调他们的行为。

因此，尽管当代社会倾向于赞美个体，我们绝大部分的决定其实是由常识，即我们和同伴共有的习惯和信仰塑造的，而这些共有的习惯又是由与他人的互动塑造的。通过观察并效仿同伴的共同行为，我们几乎自动习得了常识。正是由于这些集体偏好和决策体系，我们才自动地在聚会上举止得体、在工作时恭恭敬敬、在公共交通中顺从安排[23]——**正是社区内的想法流“建造”了让社区成功的智慧。**

第3章

# 参与

## 强化社群的合作与互动

- 群体内部想法流的同步和一致性是至关重要的：如果压倒性的多数都准备采纳一个新想法，甚至可以说服怀疑者跟随。
- 越来越多的证据表明，参与的力量（人们之间直接的、强烈的、积极的互动）对于促进可信赖的合作行为至关重要。
- 社会物理学中动员每个人进行合作的方法是使用社会网络激励，而非个体市场激励或提供额外信息。也就是说，我们应该关注改变人们之间的连接，而不是关注让人们作为个体改变他们的行为。
- 参与（即重复的合作性互动）能够建立信任并增加关系的价值，这为构建合作行为所需要的社会压力奠定了基础。换言之，参与能够建造文化。此外，社会网络激励能够加速这一过程，并往往比使用个体激励要有效得多。

我们在前两章中探讨了想法的来源以及它们是如何转变为行为以及共享的习惯的。然而，合作共事不仅是在一个社区内部形成简单的想法流，它还包括在个体之间达成协议以采取同步和相容的行为。合作共事需要的不仅是共享的习惯，还应该有能够促成合作的习惯——我们必须了解如何才能让人们合作共事。我们如何养成行为习惯，让它们像拼图模块一样组合在一起，从而使许多人一起为了共同的目标而努力呢？

以群体形式一起工作的行为比人类的历史更加悠久。例如，大猩猩通过使用“危险”（close call）信号来决定何时结束午睡[1]。如果大家听到了每一个成员的声音，并且信号达到一定的强度，那么休息就结束了。与之类似，僧帽猴用颤声来协同决定队伍行进的时间和地点[2]。领头的猴子使用颤声最多，以此鼓励其他猴子跟着走上由自己发现的道路，而其他猴子则使用颤声来协调彼此的行为。

类似的社会决策模式在几乎所有的灵长类动物中是很常见的。信号机制从发声到肢体姿态到头部运动各式各样，但是决策的过程大致相同：循环地发出信号并开始计数，直到群体中的每一个成员都认为已经达成了共识的临界点[3]。一些进化论者认为，这种“社会投票”过程可能是社会性动物中最普遍的决策模式，这部分是由于它能够很好地考虑到群体中每一个成员的成本—利益权衡。此外，这种共识过程通常能避免极端的决定，从而使整个群体中的成员更有可能服从。

人类组织中存在相同类型的模式。在鲍勃·凯利的“贝尔明星”实验中，他观察了贝尔实验室里普通员工和明星员工的区别。研究发现，明星员工鼓励他们的工作群体采用与这种社会投票完全相同的行为模式[4]。普通员工认为，团队合作就是做好他们在团队里的那部分工作。然而，明星员工并不这么看：他们推动团队中的每一个成员共同负责目标设定、群体义务、工作活动、时间表和群体成就。也就是说，明星员工通过让每一个成员感受到自己是团队的一部分来推动团队内部一致的想法流，并且他们会尝试达到充分的一致，从而让每一个成员自愿跟随新想法。

**群体内部想法流的同步和一致性是至关重要的：如果压倒性的多数成员都准备采纳一个新想法，甚至可以说服怀疑者跟随。一个令人惊讶的发现是，当我们以同步的方式做同一件事情（例如，一起划船或一起跳舞）时，我们的身体会释放内啡肽，它是一种能产生令人愉快的兴奋感的天然麻醉剂[5]。**

**SOCIAL PHYSICS 社会物理学洞察**

相似的是，商业研究表明这种参与（全体成员之间重复的合作性互动）能够改善群体的社会福利[6]，并且会促进有益于商业合作成功的可信赖的合作行为[7]。诸如乡村银行（Grameen Bank）这样的小额信贷银行目前在发展中国家已经较为普遍了，较强的社会参与是其成功的关键，因为较强的参与提高了偿还贷款的可能性[8]。

近期，一个关于“使用Facebook”的实验结果揭示了在线数字世界中参与的另一个有趣方面。这些结果尽管连我们的祖母辈都能够料想到，但是它们仍然体现了参与的力量。

SOCIAL PHYSICS 大数据的力量

### Facebook 投票实验

在 2010 年美国国会选举中，一组由詹姆斯·福勒（James Fowler）领导的来自 Facebook 和加州大学圣迭戈分校的科学家进行了一项大规模实验，在实验中他们给 6 100 万 Facebook 用户发送了“出去投票”的消息，并分析了不同种类的消息的作用。

一些 Facebook 用户仅收到了一条“出去投票”的消息。研究人员发现这些消息直接影响了政治方面的自我表达、信息寻找和现实世界数百万人的投票行为。然而，它影响投票行为的程度却小得令人有点失望。

其他 Facebook 用户不仅收到“出去投票”的消息，而且还能看到一些已经投票了的朋友的头像。给用户看这些熟悉的面孔显著提高了动员消息的有效性。然而，连我们的祖母辈都知道的一点是：几乎所有的社会影响都发生在具有面对面交流关系的亲密朋友之间。

现实世界中的朋友和仅仅是 Facebook 上的朋友是存在区别的。研究人员发现，亲密的朋友对实际投票者总数的影响是消息本身影响的 4 倍之多。事实上，研究结果表明，经由现实世界中面对面的社交网络的扩散，平均而言，一个人投票能够带动另外 3 个投票。

## 利用社会网络激励，而不是经济激励

这其中到底发生了什么？与发起传播效应的 Facebook 消息相比，为什么面对面互动的现实网络在促使人们行动方面要有效得多？我们如何利用这一效应让人们在其他情境中也保持

**社会压力** SOCIAL PRESSURE

社会压力是一个人能够施加在另一个人身上的议定影响力，它受限于两人之间的交流价值。

想法一致？**Facebook投票的例子显示出信息本身是一个相当弱的驱动因素。而猿群和“贝尔明星”的例子则表明，看见同伴团队中的成员采纳一个新的想法对于我们选择加入进去并与他人合作是一个很强的推动力。**

> 越来越多的证据表明参与的力量（人们之间直接、强烈、积极的互动）对于促进可信赖的合作行为至关重要。比如在进化生物学中，直接互惠、网络互惠以及团队选择等机制都利用了互动的位置[9]。当人们在小规模团队中互动的时候，惩罚或嘉奖同伴对于促进可信的合作行为非常有效[10]。
>
> **SOCIAL PHYSICS 社会物理学洞察**

在知道强的社会纽带能够动员人们采取行动之后，我们如何才能最好地发挥这一效应呢？常规的经济激励并未切中要害，因为它们把人限定为独立、理性的参与者，而不是受到社会纽带影响的社会动物。

此外，有力的证据表明经济激励并不能起到很好的作用[11]。但是，**社会物理学为我们指出了另外一个方法：提供针对人们的社会网络激励，而不是提供旨在改变个体行为的经济激励或信息包。**

我和博士生安可·马尼（Ankur Mani）、马斯达尔学院（Masdar Institute）访问学者艾亚德·拉万（Iyad Rahwan）在《自然》子刊《科学报道》（*Scientific Reports*）上发表了一篇文章，用数学方法得出了如何最大程度使用社会网络激励来调动积极性，增加人们之间的合作[12]。这些激励通过产生社会压力，增加围绕具体明确的想法的互动数量，继而通过提高人们将这些想法融入自己行为的可能性来改变想法流。

## FunFit，提升一个社区的体育活动量

为了在现实世界中检验这个理论，我们决定关注提升一个社区的体育活动量的问题，这个社区就是上一章介绍的由年轻家庭组成的“朋友和家庭”社区。在波士顿寒冷的冬季，提高人们的活动量是一个挑战，人们更愿意待在室内。这当然对他们的整体健康是有害的，而且更加糟糕的是，不运动的习惯实在难以改变：即使气候变暖，人们也很难恢复到之前的运动量。这也是一种“公地悲剧”（tragedy of the commons）[①]问题，少数人的不健康行为会增加整个社区的医疗保健费用。

因此，我和纳德夫·阿哈洛尼使用了FunFit，这是“朋友和家庭”实验中鼓励人们保持活跃的一个社会网络激励系统。“朋友和家庭”实验中的每一个人都被指派了两个伙伴，有一些人的伙伴是和他们有很多互动的人，而有一些人的伙伴只是相识的熟人而已。因为社区里几乎每个人都参与其中，所以每个人都有机会既是行为改变针对的对象，也是促进行为改变的伙伴。

如图3-1所示，使用FunFit的第一步是在围绕每个目标人的现有社会网络中生成一些聚类（clusters）。聚类中的成员被称为伙伴（buddies，图3-1中浅灰色的人）。在开始的三天里，根据中心目标人（图3-1中标为A和B的深灰色个体）的行为，为与目标对象互动最多的伙伴发放小额现金奖励，也就是通过并非奖励表现有所进步的目标对象，来产生令目标对象更加活跃的社会压力。换言之，我们的社会网络激励使围绕“如何变得更为活跃”的想法的参与（即团队成员之间重复的合作性互动）得到了提升。

对整个社区而言，我们使用嵌在人们手机中的加速度传感器来测量活动量。与典型的社会科学实验不同的是，FunFit是在现实世界中进行的，具有

① 公地作为一项公共资源或财产，每一个人都有使用权，但由于没有权利阻止其他人使用，从而造成资源过度使用和枯竭。严重污染的空气和过度砍伐的森林都是“公地悲剧”的典型例子。—— 译者注

日常生活的错综复杂性。此外，我收集了几十万个小时和几百 GB 的情景化数据，让我们可以回过头来看哪些因素的影响最大。

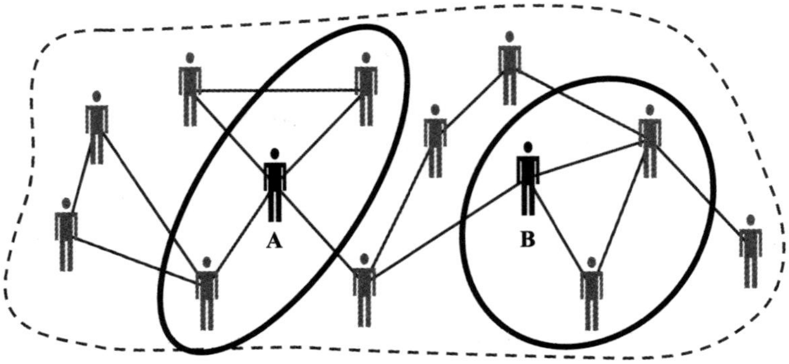


通过激励局部社会网络（黑色椭圆内的社会纽带）以促进好的行为，社会压力对目标个体施加了影响。这一方法是有效的。

**图 3-1 FunFit 影响图**

**SOCIAL PHYSICS 大数据与社会物理学**

平均而言，社会网络激励方法的有效程度几乎是传统的个体激励方法的 4 倍[13]。对于和指派的对象互动最多的伙伴而言，社会网络激励的效果几乎是传统的个体激励方法的 8 倍[14]。

更值得注意的是，这一激励还有固化作用[15]。即使在激励消失之后，受到社会网络激励的人们依旧保持了高水平的活跃度。这些细微专注的社会网络激励在社区中形成了促使行为变化的社会压力，从而产生了围绕更为健康的新习惯的参与。

从我们对于社会纽带的力量的已有知识来看，我和博士后埃雷兹·塞缪尔里（Erez Shmueli）、维韦克·辛格（Vivek Singh）发现的结果或许并不令人惊讶。

**人们与其伙伴直接互动的数量能够很好地预测他们的行为会有多大的改变[16]。换言之，直接互动的次数能够精确地测量人们之间社会压力的强弱[17]。此外，直接互动的次数也预测了人们在实验结束之后会怎样保持更加健康的新习惯。**

此外，人们之间直接互动的次数出人意料地精确预测了他们对彼此的信任程度[18]。也就是说，两个人之间直接互动的数量既能预测相互信任的程度，又能预测同伴压力的有效性。

**SOCIAL PHYSICS 社会物理学洞察**

社会物理学中动员每个人进行合作的方法是使用社会网络激励，而非个体激励或提供额外信息。也就是说，我们应该把注意力放在改变人们之间的连接，而不是让人们作为个体改变他们的行为上。

其中的逻辑是很清楚的：因为人们之间的交流对参与者来说意义重大，我们能够利用这些交流来产生要求改变的社会压力。参与，即社区成员之间重复的合作性互动，能够推动合作行为的出现。

社会网络激励作用的发挥是通过围绕寻求合作行为的问题产生社会压力实现的，因此人们通过试验新行为来找出更好的行为。人群产生的社会压力与个体行为之间不匹配的成本、关系的价值以及互动的数量有关，这意味着最有效的网络激励应该关注具有最强社会纽带和最多互动的人群。

## 充分利用在线社交网络的激励作用

在数字化连接的新世界里，我们需要大家一起合作使用数字社交媒体。有时事情如愿发展，而有时却不遂人意，我们如何改进数字世界中的参与呢？

SOCIAL PHYSICS 大数据的力量

## Peer See 实验

为了明白其中的原理，让我们看一下 FunFit 的一个变种：Peer See。这个实验的想法是复制我们在 Facebook 投票实验中看到的那类条件：使用同伴之间的比较来促进合作。在这个实验里，我们不仅奖励保持活跃的个体（标准的经济激励），还让他们在线了解自己的伙伴做得如何——一种在人们处于竞争关系时起作用的社会网络激励。

我们发现，相比于仅奖励个体、没有任何社会元素的方法（例如标准的经济激励方法），作为组合式经济—社会激励的 Peer See 方法的有效性提高了一倍。也就是说，看见同伴的行为带来社会压力的有效性要比经济激励的有效性高一倍。

在这个例子中，我们开始了解为什么面对面的关系在 Facebook 投票的例子中如此重要。与 Peer See 实验中的社会激励相似，知道和我们面对面交流的朋友已经投票的事实产生的社会压力足以说服人们去投票。

相较而言，Facebook 消息本身并不有效，但是它带来的少数投票者却引发了面对面交流的朋友一连串的投票。为什么大都是面对面交流的朋友呢？这同样是因为社会压力取决于社会纽带的强度以及互动的数量——Facebook 上的朋友并没有这么重要（这一点连我们的祖母辈都知道）。

以下有关能源节约的实验是另一个社会压力和数字网络相结合的例子。在实验中，我和安可·马尼、艾亚德·拉万，还有我们的同事克莱尔 - 玛丽·洛克（Claire-Marie Loock）、托斯滕·斯塔克（Thorston Staake）以及来自瑞士苏黎世联邦理工学院（ETH Zurich）的埃尔加·弗莱施（Elgar Fleisch）等人与电力公司合作，鼓励这些公司所在区域的房主节约用电[19]。

### 利用网络激励节约用电

在第一个实验中，房主收到了自己的用电量与平均水平比较的社会反馈。如果把房主与全国民众这样大范围的群体进行比较，房主的行为没有任何改变。然而，如果把房主与他们的邻居进行比较，效果就比较好，这表明对比较组中的人的认同程度是重要的。这是一种社会网络效应：与一组人的认同感既增加了比较组成员对其的信任，也增加了该组能够向组员施加社会压力的强度。

这些结果促使我们进而尝试了一种基于社会物理学的方法。我们接下来在电力公司的主页上建立了一个数字社会网络，并且提供小额奖励来鼓励人们组成局部的密友群。与 FunFit 试验类似，这种网络使用的是社会网络激励，而不是标准的经济激励：当一个人节约能源的时候，他的密友会获得奖励积分。

这种社会网络激励使用电量下降了 17 个百分点，比先前节能竞赛的最佳结果好了一倍，比平均结果好 4 倍多[20]。和 FunFit 实验一样，当利用了周围社会纽带的强度时，对人们行为改变的激发是最有效的。

公司内部社交媒体的使用也同样具有数字网络与面对面相结合的推动力。那些跨越不同洲和时区的组织对于这种参与模式尤其感兴趣，因为在很多情况下，员工之间互动的主要模式是数字社会网络、电子邮件和短消息。由于这些媒介不包含与面对面互动甚至是语音互动相关的社会信号，公司失望地发现，它们对于支持建立高效工作群体所需要的参与往往远远不够（参阅第 8 章的专栏“数字网络与面对面”和第 6 章的专栏“社会信号”）。

显然，商业世界要求数字网络能够更加高效。为了更好地了解情况，我和博士生伊夫·亚历山大（Yves-Alexandre de Montjoye）和卡梅利亚·西莫尤（Camelia Simoiu）考察了超过 1 000 家公司数字社会网络的增长和表现[21]。平均而言，每家公司一年都有数百万的邀请、点赞和发帖，我们希望从中找到能够说明问题的模式。

我们的发现令人惊讶：在有爆发式增长时，数字社会网络的参与要比缓慢增长时有效得多。在公司里，与在较长时间里收到相同数量的邀请相比，如果人们一阵风似的收到许多加入公司数字社会网络的邀请，那么他们加入并使用该网络的可能性就要大得多。但是，在那些没有这种爆发式参与的公司里，只有少数人会加入网络。正如我们从“贝尔明星”实验中了解的那样，大部分团队成员都不愿意主动跟随，除非他们看到人们争先恐后地采纳新行为。

爆发式活动究竟是缘自催促人们使用服务的上司还是邀请的频率，这一点似乎并不重要。因为就像 Facebook 投票的例子显示的那样，真正让人们合作共事的是社会压力：谁邀请谁加入并使用数字社会网络才是最重要的。如果邀请是在已经具有规律交流历史的人们之间进行的，如果这些人和同一个工作群体里的其他人有接触，那么他们的邀请比来自社会纽带较弱的人的邀请要有效得多。

**SOCIAL PHYSICS 大数据与社会物理学**

事实上，如果一个人在半个小时内至少 3 次收到加入网络的邀请，并且这些邀请都来自曾经有过接触的人以及其所在的工作群体，那么他几乎一定会加入并尝试使用这个数字社会网络。相比而言，即使是半小时之内收到多达一打的邀请，如果这些邀请并非来自与他有过接触的人或是他所在的工作群体，也会收效甚微。

如果把使用新型数字工具视为习惯的改变，这种模式恰好是我们希望看到的。回顾一下第 2 章中有关快思考和慢思考的讨论：**有效地改变一个习惯需要一些可信的同伴在短时间内成功使用或推荐一个新想法。要让公司里的人养成使用新型社交网络的习惯，需要由许多可信的同伴实例组成的丰富的社会学习环境。**但是，由于大部分数字社交媒体是不同步的，人们难以获得这种重复、频繁的接触。和 Facebook 投票实验一样，数字社会网络的使用经由面对面的网络扩散比仅通过数字网络扩散要更为常见。

来自 1 000 家公司的数据表明，使用社会网络激励是推动使用新型数字工具的好办法。例如，我们可以根据一个人的同事使用商业网络进行交易的次数来奖励这个人。这种激励能产生使用网络的社会压力，并且有可能推动产生网络使用新习惯的过程。

我们从这一组实验中得到的结论是，**参与（即重复的合作性互动）能够建立信任并增加关系的价值，这为构建合作行为所需要的社会压力奠定了基础。换言之，参与能够建造文化**。此外，社会网络激励能够加速这一过程，并往往要比使用个体激励有效得多。

为什么公司不更多地依赖社会网络激励呢？部分原因或许在于社会激励看上去模糊不清，只是“感觉比较好”的策略而不是可靠的管理工具。因此，经理们通常使用的社会激励（如按月度奖励员工）往往和真实的社会关系没有关联，显得既不自然也不真实。

**SOCIAL PHYSICS 社会物理学洞察**

这一切都可能随着社会物理学发生改变，因为社会物理学提供了一种新型的实用方法，它明确了如何通过创造社会激励来建立更多的合作行为，从而改善每个人的处境。社会物理学为我们提供了新的成本—回报方程式，它比经济激励更加有效，并且为促进合作带来了新的机遇。

## 征服与冲突，促进不同社群的合作互动

我很赞同亚当·斯密的一个观点：通过商品、想法、礼物和关心的交换而生成的社会结构引导着资本主义创造出有利于社区利益的解决方案[22]。社区是由社会纽带组成的，没有了社会纽带提供的社会压力的约束，资本主义可能会变成掠夺者。**社会物理学告诉我们，我们的分析方法不仅需要包括经**

**济交换，还需要包含信息和想法的交换以及社会规范的生成，这样才能够更充分地解释人类行为。**

亚当·斯密对于“好的资本主义”的描述勾勒出了一个理想化的场景：社会参与几乎总能平衡各种经济势力。因为他生活在一个更小的世界里：城市里的资本家很可能互相认识，并因此受制于相似的社会规范和成为好市民的压力。但是他的时代也是一个穷人受到忽视的时代，贫富之间缺乏交流使得这两个群体之间的交换缺乏社会约束，这导致了第一次工业革命时代臭名昭著的恐怖和虐待事件。

当社会中存在不同的种族、宗教或经济群体时，也会发生这种连接中断的情况。在《科学》的一篇论文中，梅·利姆（May Lim）、理查德·梅茨勒（Richard Metzler）和扬尼尔·巴哈彦（Yanner Bar-Yam）的研究指出：当社区整合度较低，由某一群体主导另一群体，并且政治和地理“界线”与人口划分的边界不匹配时，就有可能发生群体间的暴力冲突[23]。这种例子包括19世纪美国强制迁移美洲土著部落，爱尔兰的天主教与新教徒冲突①，以及欧亚大陆对犹太人的多次集体迫害。

当这种不匹配的情况发生时，征服和迫害往往会随之而来。主流群体有权决定本地规则，但是如果少数群体的规模足够大，就有可能爆发冲突。如果有合理的划分或良好的融合，暴力就不太可能发生。

我们在“朋友和家庭”的研究中发现，参与能够带来信任。那么，上述这种暴力行为又该如何理解呢？对此的解释是，我们的实验是在绝大部分互动都是合作型互动的社区和社会团队中进行的。如果大部分互动都是剥削型的，那么每次互动都会破坏信任。如果有人每次和另一个社区的人互动时都

---

① 17世纪时，新教徒移民与北爱尔兰本地的天主教徒发生了严重的冲突，最终新教徒取得胜利并确立了在爱尔兰全岛的政治统治地位。——译者注

被敲竹杠，他很快就会不信任那个社区中的任何一个人。

因为信任是基于先前互动的对未来合作行为的预期，人们似乎遵循的是反黄金规则（reverse golden rule）①：我如何对待别人，别人就应该如何对待我[24]。这与囚徒困境这类信任博弈中常见的“以牙还牙，以眼还眼”式针锋相对策略类似，但是这一策略如今已被当作一种一般性的默认策略。

遗憾的是，人们很快就学会了在对同伴群体和其他人使用这一规则时区别对待。也就是说，人们信任同伴而不信任其他人。这是许多人不信任政治家和律师群体，但是却会信任某一个他们所交往的政治家或律师的原因——这也因此导致了群体间的歧视甚至争斗。一个群体系统性地剥削另一个群体的危险正是突出了促进不同同伴群体合作互动的重要性。

## 参与的三大规则

从现在开始，我会用“参与”（engagement）一词来指代持续的人际交流网络改变人们行为的过程。与探索的定义相似，“参与”需要记住如下 3 个要点。

- **参与需要互动** 如果人们想有效地进行合作，就需要有网络约束：团队中所有成员之间的多次互动，而不仅仅是领导者和成员之间，或成员和整个团队之间的互动（如在团队会议上）。通过询问与你交谈的那些人之间是否也互相交谈，可以检验网络约束的有效程度。如果与你交谈的人之间没有交谈，就要让他们开始交谈——我们发现直接互动的数量能够很好地衡量采取合作行为的社会压力。此外，互动的数量也能够预测人们能够在多大程度上维持更具合作性的新行为。
- **参与需要合作** 回顾一下“贝尔明星”实验：明星员工推动团队里的每个人分享团队的所有权，让每个人都参与到目标设定、工作活动以及因团队

① 人际交往的黄金规则：像你希望别人如何对待你那样对待别人。——译者注

成就而获得的认可中来。这些明星员工让每个人感觉自己是团队的一部分，从而提升了团队中的参与度，并且他们会努力达成充分的共识以让每个人都自愿跟随新想法。

- **构建信任**　提及信任，我指的是对未来公平、合作的预期。信任基于人际交流的过往，直接的合作互动的数量能够出乎意料地准确预测信任。社会网络先驱巴里·韦尔曼（Barry Wellman）①的观点看来是非常正确的：两个人之间通话的数量能够很好地衡量他们对两者关系的投资，这种投资往往被称为社会资本。

简而言之，能否成功成为团队的一部分，取决于对团队网络的持续参与。人们的行为就像体育运动队的选手一样，在个人志向与社会压力之间取得平衡以建立行为规范以及信任和合作模式。在接下来的几章中，我们会看到参与的程度能够很好地预测许多人类活动领域中的团队效率。

## 想法流，塑造新行为，塑造人性

前两章用事例论证了想法流（新行为在社会网络中的传播）可以被理解为收获新想法的探索，继而和同伴进行互动以筛选这些想法并将好的想法转变为习惯。想法流通过社会学习和社会压力起作用，从而建立融洽的行为规范。此外，改变想法流方式的社会网络激励还能够用来有效地塑造新行为的传播。

**周围想法流对行为的影响力似乎是塑造人性的关键。**在人类部落中，影响整个部落的决定是在社会环境中做出，并由赞成或反对的社会暗示决定的[25]——这种方法使集体在达成共识且付诸行动之前能够考虑所有参与者的偏好[26]。产生和实施行为规范的群体性的范例包括青少年的叛逆行为、犯

① 巴里·韦尔曼是加拿大社会学家，国际社会网络学会（INSNA）创始人。——译者注

罪团伙的暴力行为等。当其他同伴全部采取一种新行为时，你是很难不跟从的[27]。

一些社会科学家可能好奇这到底是怎么回事。难道前两章中介绍的实验没有强调我们已经知道的同质性（物以类聚，人以群分）和社会学习（入乡随俗）的作用吗？

话虽如此，如今没有人真正完全理解这些众所周知的人类行为模式的计算效应：这些沟通方式是如何影响个体决策和社区健康的。我已经指出，这些社会普遍规律显著增加了社区的组织智慧以及协调行动的能力。此外，我们将在本书后面的章节看到，这些计算效应对于公司、城市和整个社会的运行都起着中心作用。

下面的专栏“社会影响的数学”为读者浅显地介绍了如何把这些想法转化为方程式，并以此描述我们的社会结构是如何响应新想法和新激励的。我们使用这些方程式能够可靠地预测个体的行为会如何改变，工作团队的绩效以及社区活动的进展。有关社会物理学方程式的更多详情可见附录二“数学”。

在本书的后续章节，我会讲述如何使用这些想法和方程式来衡量和管理公司、城市，甚至是整个社会。我希望这些例子能够令人真正体会到生活在这样一个正在超连接化的社会的机遇和危险，以及我们需要做出哪些改变来保护自身并持续快速发展。

SOCIAL PHYSICS
**相关链接**

## 社会影响的数学

大多数人并不谈论数学，因此本书的主体部分没有任何数学。遗憾的是，这会使人们忘记社会物理学可以让我们构建用于建造更好的人类组织的人类行为数学化预测模型。因此，我在这里对部分数学给出解释，以便读者一窥全豹。

半个多世纪以来，社会学家一直在研究社会系统中谁影响谁的问题，但是许多研究都只是定性或相关性研究。他们长期以来的挑战是，如何用一种形式化的、数学的方式来建模社会影响。其中最复杂的因素是，影响通常并非直接可测，因而需要从个体水平的行为信号中加以推断[28]。

我们的影响模型首先涉及由 $C$ 个人组成的群体，称为公司。每个人 $c$ 在开始时是一个独立角色，因果观察通常无法得知其正在做的事——驱动其行为的想法隐藏在其头脑中。记个人 $c$ 在时刻 $t$ 的隐藏行为想法为 $h_t^{(c)}$。尽管我们无法直接知道每个人在想什么，但人们的行为是可观察的信号，记为 $O_t^{(c)}$。这些信号的概率 $\text{Prob}(O_t^{(c)} \mid h_t^{(c)})$ 依赖于其隐藏状态，即依赖于人们头脑中的想法[29]。

用状态依赖性来定义社会影响（一个人的状态如何与其他人的状态相互影响）是一个由来已久的想法[30]。它使我们可以把社会影响表示为每个人在时刻 $t$ 的隐藏状态 $h_t^{(c)}$与所有人在前一时刻 $t$-1 的状态 $h_{t-1}^{(1)},\ldots,h_{t-1}^{(C)}$之间的条件概率，记为

$$\text{Prob}(h_t^{(c)} \mid h_{t-1}^{(1)},\ldots,h_{t-1}^{(C)}) \qquad (1)$$

因此，个人 $c$ 在时刻 $t$ 的状态 $h_t^{(c)}$受到前一时刻所有人的状态的影响。影响模型把整体“公司状态”分解为每个人 $c$ 对某个人 $c'$ 的影响：

$$\text{Prob}(h_t^{(c')} \mid h_{t-1}^{(1)},\ldots,h_{t-1}^{(C)}) = \sum_{c=(1,\ldots,C)} R^{c',c} \times \text{Prob}(h_t^{(c')} \mid h_{t-1}^{(c)}) \qquad (2)$$

其中，影响矩阵 $R^{c',c}$ 刻画个人 $c$ 对个人 $c'$ 的影响强度并描述影响在公司的社会网络中的传播。这一模型中的参数的数量随着人群及其内在状态的数量的增加而缓慢增加，从而使我们易于数学建模“活”数据

并在实时应用场合使用。从实际角度看，这意味着我们能够通过使用期望极大化算法确定影响模型的参数（影响和状态等），而无须事先知道社会纽带或学习的行为。估计参数的 Matlab 代码和一些示例请见 http://vismod.media.mit.edu/vismod/ demos/influence-model。

这一模型精确描述了 eToro 网络实验中的投资者行为。对于 FunFit 这一实验，我们对个人 $c$ 加以激励，使其更有可能处于一种通过影响矩阵来影响其目标人 $c'$ 的状态，以使目标人处于期望的行为状态。例如，这种激励也许使个人 $c$ 更有可能与个人 $c'$ 交谈以使之更为活跃。并且正如 FunFit 实验所显示的那样，这一行为的有效性依赖于个人 $c$ 与 $c'$ 互动的数量。

因此，我们可以通过测量个人 $c$ 与 $c'$ 互动的数量来很好地估计社会影响（$R^{c',c}$）。对于本书中几乎所有的例子，包括社会影响在政治观点中的作用、应用程序下载和体重控制，以及小规模群体、公司部门和整个城市的生产率，等等。我们发现通过测量直接和间接的社会互动的数量来估计社会影响，都能对未来行为给出准确估计。

这里的一个关键问题是，所估计的模型参数在多大范围内准确表示人类互动中的真实影响。我们已经发现，这一模型能够准确识别人们的社会角色——主角、攻击者、支持者、中立者，等等。在小规模群体和组织中，我们可以使用这一模型精确描绘组织关系，把人群聚类为工作群体并识别每个群体的领导者[31]。当然，基本模型的各种变形可用于解释本书中几乎所有的例子，而且这个模型的一个衍生已经商用于描绘 1 亿智能手机用户的购买模式（详见我共同创立的一个公司的主页，http://www.sensenetworks.com）。

这一模型最重要的结果之一，就是它让我们基于原始的行为观察得到我们需要的社会网络参数，以数值估计想法流，即采用引入到社会网络中的某个新想法的用户的比例。想法流考虑了影响模型的所有元素：网络结构、社会影响强度和个体对于新想法的易感性。

在 eToro 例子中，我们发现交易员的盈利能力强烈依赖于想法流速率，这为我们提供了在组织或社会网络中衡量决策质量的手段。在后续章节中，我们将会看到，它也可以预测生产率和创意产出。

想法流的定量估计也能够帮助我们校正网络以使其运行得更好，因为它可以让我们预测网络结构、影响强度或个体特征的改变所带来的结果。

# 现实挖掘

近年来，社会科学持续经历着一场数字革命，其标志就是正在兴起的计算社会科学。2009 年，我和大卫·拉泽（David Lazer）等 10 余位同事在《科学》发表了一篇关于计算社会科学的文章，指出了它在通过使用具有前所未有的广度、深度和尺度的数据来增进我们关于个体、团队和社会的知识方面的潜力[1]。这一“革命”的主要推动力是从信用卡、手机、万维网搜索等处收集的关于人们及其行为的大数据。现实挖掘技术促进了计算社会科学的发展，这一技术也被《麻省理工科技评论》赞誉为“将会改变世界的十大技术”之一。

我和我的学生建立了两个行为测量平台以加速这一新科学的发展，它们为全世界数百个研究组提供了大量的定量数据。第一个平台是社会计量标牌，它用一个记录佩戴者行为的电子标牌取代了简陋的工作牌；第二个平台是面向现在已经无处不在的智能手机的行为测量软件（Funf）。本部分将简要介绍这两个数据收集平台。

使用社会计量标牌和智能手机 Funf 系统的一般框架是纵向生活实验室或社会瞭望台类型的研究，这类研究结合了用于感知、收集和处理数据的支持系统，以及用于目标人群反馈和沟通的一组工具。

这类生活实验室实验的关键目标之一是同时在各种网络形式（如面对面、通话、电邮等）中收集数据，从而更好地理解它们的性质以及彼此的相关性，我们通常利用如下部分。

- **数字感知平台：** 这是该研究数据收集的核心。使用社会计量标牌或智能手机作为原位社会传感器来绘制用户的活动特征、接近度网络（proximity network）和互动模式。社会计量标牌最适于在工作牌已经是标准配置的公司里开展的实验，而智能手机最适于整个社区的生活实验室研究。

- **调查：** 对象通常按规则性时间间隔完成调查。月度调查包括关于对象的自我感知、关系、团队隶属和互动以及一些标准化测量，例如心理学家的“大五”性格测试（Big Five）[①]。日常调查包括关于情绪、睡眠和其他活动的问题，通常通过登录智能手机或 Web 浏览器完成。

- **购买行为：** 购买信息是通过收据和信用卡账单收集的。这一部分针对的是可能受到同伴影响的分类，例如娱乐和就餐选择。

- **数字社会网络数据收集应用：** 参与者可以选择安装一个社交媒体应用以记录关于他们的在线社会网络和交流活动的信息。

在比较自动数字测量和调查数据时，我们发现了惊人的行为模式。例如，只需分析诸如一个对象走动的多少、何时与谁通话、参与面对面社交的频率和时间等数据，就可以估计一个用户的性格类型和可支配收入。我们甚至还可以知道某个人何时患上流感或感觉情绪低落。

从这些自动数字测量开始，我们变得更容易构造社会物理学真正关注的东西：网络和想法流，其中包括面对面互动、通话和社交媒体网络。然而，几乎同样有趣的是位置网络（即谁花费时间在相同的地点），以及接近度网络（即谁去了相同的活动）。

这些网络的测量为我们绘制了一幅目标对象与不同想法和体验接触的图景。我们可以从接触来估计人们之间社会影响的强度并计算想法流，进而准确预测团队的决策质量、生产率和创意产出。

---

① “大五”性格测试是心理学中比较流行的一种人格测试方法。大五类因素包括：开放性、尽责性、外向性、亲和性与情绪稳定性。——译者注

# 社会计量标牌

一个组织内部最有价值的想法流是面对面和电话交流，因为它们携带了最复杂、最敏感的信息——然而很少有组织会衡量它们。当然，没有衡量就无法管理。

我们的研究对象包括创新团队、医院里的术后监护病房、银行的客服团队、后台支持以及呼叫中心团队等。我们通常给那些组织中的所有成员（特别是管理人员）配置社会计量标牌（如图 F1-1 所示），以收集个体交流行为的数据——语调、身体语言、与谁谈话以及谈话多少，等等。我们得到了一个高度一致的发现：交流模式是团队成功最重要的因素，要了解一个组织内部的整体互动模式，关键是要捕捉所使用的媒介中的所有数据。不仅如此，交流模式往往与其他所有因素之和一样重要，这些因素包括个体智能、性格、技能和想法的内容等。

图 F1-1 显示的社会计量标牌通过测量佩戴者表达的常见社会信号来收集和分析社会行为。它包括一个位置传感器、一个记录身体语言的加速计、一个确定附近有谁的接近度传感器和一个记录是否有人在说话的麦克风。然而，为了避免侵犯隐私，该设备并不记录语音内容或视频。

**图 F1-1　一个社会计量标牌的标准设计**

这个社会计量标牌是戴在脖子上的，就如同公司里典型的工作牌一样。实验对象工作时就把它戴上，离开工作时就把它取下。社会计量标牌与传统的工作牌在使用上的一个区别在于，前者需要通过 USB 接口与电脑或充电器连接来为电池充电。

社会计量标牌包括如下两项能力：

- 通过汇总多个参与者的测量数据提取对于活力、参与和探索的衡量。
- 衡量个体活力水平、身体语言展示的外向性和感受，以及与流动状态相关联的节律模式。

社会计量标牌可用于为团队提供团队互动模式的实时反馈，这对于虚拟或远程团队是特别有用的。我参与创建的 MIT 科技企业“社会计量解决方案”（Sociometric Solutions）正在制造这一标牌以用于商业咨询业务和非营利目的的研究。

这一标牌收集的数据正在改变人们布置办公空间的方式以及对互动模式的理解。这些数据对远距离工作和跨文化团队尤为重要。它们在经济全球化时代是至为关键的，因为它们能够可视化并改进互动模式。

截至 2013 年，数十个研究团队已经把社会计量标牌用于社会物理学研究。此外，包括世界 1 000 强企业在内的数十家企业，正把它们用于空间和重组规划，更多信息请见 http://www.sociometricsolutions.com。

## 移动电话感知

我和我的学生利用智能手机和普适计算方法建立了一个以移动电话为中心的社会和行为活动感知系统，称为 Funf。它收集的数据包含对超过 25 种基于电话信号的连续测量——包括位置、加速度、基于蓝牙的设备接近度、交流活动、安装的应用、目前运行的应用、多媒体与文件系统信息，以及由我们的实验应用产生的额外数据。此外，我们通过收据和信用卡账单收集金融信息；收集数字社交媒体活动的记录；收集对于情绪、压力、睡眠、生产率和社会化等方面的日常调查；收集其他与健康保健相关的信息（诸如性格测试之类的标准心理评估）；以及参与者人工输入的许多其他类型的数据。

这些数据可以让我们自动重构实验对象的社区的多种网络形式，例如电话交流、物理的面对面相遇和在线社会关系，以及人工自我报告网络。我们使用这些数据来研究想法、决策、情绪或季节性流感等在社区中的传播。我们的高层次目标包括研究与行为和决策相关的“自然的”和“外部施加”的社会机制，设计和评价帮助人们做出更好决策的机制或工具。

纳德夫·阿哈洛尼（Nadav Aharony）等人描述的 Funf 开放感知框架（Open Sensing Framework）是移动设备一个可扩展的感知和数据处理框架（见图 F1-2）。它提供了一组开源、可重复使用的功能，使我们可以收集、上传和配置大量不同的数据类型。今天，全球有超过 1 500 个研究团队在使用 Funf。

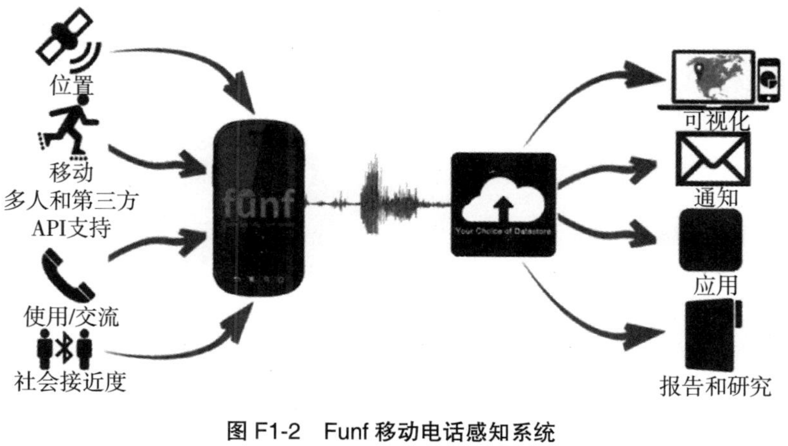


图 F1-2　Funf 移动电话感知系统

Funf 是为了科学研究设计的，使用时一个关键的考虑就是对隐私和敏感信息的保护。因此，Funf 所有的功能都包含严格的隐私保护措施。例如，数据都是对应于对手机用户进行编码之后的标识符，而不是对应于他们在现实世界中的个人标识符。人眼可读的所有文本（例如电话号码和文本消息）都被采集为杂乱的标识符号，而绝不会保存为清晰的文本。

标准的 Funf 感知功能的例子包括：GPS；WLAN；加速计；蓝牙；基站识别；呼叫记录；短信记录；浏览历史；联系人；运行的应用；安装的应用；屏幕状态；媒介耗电量状态。Funf 还可以记录社交媒体活动、信用卡活动和其他类型的信息。

# SOCIAL PHYSICS

HOW GOOD IDEAS SPREAD—THE LESSONS FROM A NEW SCIENCE

| 第二部分 |

# 数据驱动的智慧组织

# SOCIAL PHYSICS

HOW GOOD IDEAS SPREAD— THE LESSONS FROM A NEW SCIENCE

第 4 章

# 集体智能

## 互动模式如何转化为群体智慧

- 对于预测集体智能而言，最重要的因素是话轮转换的平等性：相比于话轮转换分布更为均等的群体，那些由少数个体主导对话的群体拥有更低的集体智能。
- 对于群体表现而言，想法流本身的模式比其他因素更为重要，甚至与其他所有因素之和一样重要。
- 创意产出强烈依赖于两个过程：想法发现（探索）以及把这些想法融入新行为（参与）。在实验室和设计车间，低创意群体和高创意群体的区别在于群体外部的面对面探索模式以及群体内部的参与模式。
- 在探索和参与之间交替的过程能够建造一个更为多样、堪为示范的经验库，从而增加创意产出。

为了了解社会互动的物理原理，我们进一步探讨了更小规模人群内的互动。人群和社区拥有与每个成员的个体智能不同的组织智慧。而且，这种组织智慧在预测群体表现中的作用和智商在预测个体表现中的作用一样重要。我和同事安尼塔·伍利（Anita Wooley）、克里斯托弗·查布里斯（Christopher Chabris）、纳达·哈希米（Nada Hashmi）、汤姆·马隆（Tom Malone）在《科学》上发表了这一惊人的发现，这一发现是基于关于数百个小组的组织智慧的实验研究。这些小组按要求进行多种头脑风暴、判断和活动策划，并以小组为单位进行智商测试[1]。

集体智能的基础是什么呢？出乎意料的是，我们发现大部分人认为影响群体表现的因素（例如聚合度、动机和满足感）从统计学上来说都不重要。**对于预测集体智能而言，最重要的因素是话轮转换的平等性：相比于话轮转换分布更为均等的群体，那些由少数个体主导对话的群体拥有更低的集体智能。紧随其后的重要因素是群体成员的社会智能，这是基于测量他们阅读他人的社**

> **社会信号** SOCIAL SIGNAL
>
> 互动模式是支配、想法流、同意和参与等行为的互动模式。

**会信号的能力得出的结论。**女性往往更擅长阅读社会信号，因此拥有更多女性的团队通常在这方面表现更佳（见第6章专栏“社会信号”）。

这些女性成员是如何改进团队表现的呢？从社会物理学的观点来看，这和团队内部的想法流有关。幸运的是，我的研究小组的社会计量标牌监测了许多团队的成员。我和董文随后分析了实验中采集的数据，并以此测量了想法流的模式[2]。

SOCIAL PHYSICS 大数据的力量

### 如何改进团队表现

在这一实验以及我的实验室的其他研究中使用的标牌详细并定量地捕捉了人们的互动方式。其测量的典型变量包括：使用的语调；人们谈话时是否面对面；他们手势的多少；他们说话、倾听和打断对方的频率。我们收集了一个团队里的这些个体数据，并与表现数据做比对，从而识别出能够带来成功的团队合作的互动模式（见深度洞察“现实挖掘”）。

这些社会计量数据反映的是，对于团队表现而言，想法流本身的模式比其他因素更为重要，甚至与其他所有因素之和一样重要。大家可以想想看：个体智能、性格、技能和其他所有因素合并在一起也不及想法流模式重要。

我和董文发现了3种简单的模式，它们能够解释不同团队和任务之间约50%的表现差异。表现最好的团队的典型特征包括以下三点：

- **大量的想法：**许多简短的发言而不是少数很长的发言；
- **密集的互动：**在发言和极短（少于1秒）的回应评论（例如“好”，“对”，“什么”）之间进行连续和交替的循环来证实或证伪想法并建立共识；
- **想法多样性：**团队中的每个人都贡献想法、作出响应，参与者之间话轮转换次数相当。

图 4-1 中显示的这些模式与我们在第 1~3 章中见到的模式大体相同，我在我认识的大部分有创意的人那里也观察到了类似的模式：发现想法的探索和选择最佳想法的参与，以及确保大家保持一致。同先前一样，想法的多样性是一个关键变量。

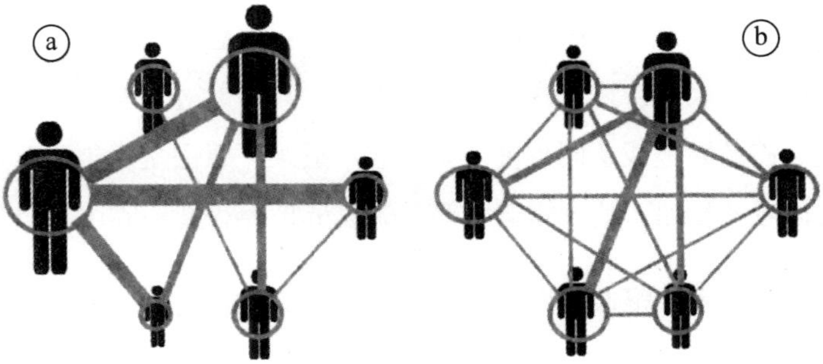


ⓐ是一个无效的互动模式，ⓑ是一个良好的互动模式

**图 4-1 两种互动模式**

使用这些互动模式作为指引的一个例外是处于压力之下时的表现。当必须即刻做出决定时，团队或许没有时间收集和讨论所有的想法。另一个例外是，当团队难以合作共事并且情绪化程度较高时，这两种情况下领导者也许必须要起到协调作用，并频繁介入他人的发言。这种介入应该尽可能短，从而把时间留给新想法。

来自一些小型工作团队的社会计量数据强调了这样的观点：**团队类似于处理想法的机器，想法流的模式是影响表现的主要因素。**在那篇发表于《科学》上的文章中，团队表现取决于团队成员是否擅长从所有参与者那里收获想法并对每个新想法做出响应。在我们的组织智慧实验中，女性和其他社会智能参与者所做的或许就是通过引导团队更简短地表达更多的想法、鼓励响应并确保每一个人贡献相当，从而带来更好的想法流。

想法流的模式为何与其他所有因素之和一样重要呢？为了回答这个问题，我们追溯到了人类的祖先。从进化的角度来说，语言是一个较新的产物，它有可能基于更古老的表达统治、兴趣和同意等信息的信号机制，有助于团队寻找资源、作出决定和协调行动。如今，这种古老的互动模式仍然塑造着我们的决策和协调方式。

考虑一下我们祖先解决问题的方法。我们可以想象远古时期的人们围坐在篝火旁提出建议或讲述观察所得，其他的参与者通过点头、手势或声音信号来表达他们的兴趣或认同程度。如果想知道某一想法是否被团队认同，只要把响应信号"相加"就可知道大部分的成员是否意见一致。

早期的人类团队很像我们今天看到的猿类群体，需要收集想法以解决共同的问题。动物行为研究发现，猿类部落（甚至是蜂群）在做出有关集体行动的决定时都会如此。我们的社会计量标牌数据显示，在当代团队中的问题求解也是如此。我们现在在会议室里听到的"嗯"和"好"等对新想法表示欢迎的回应，就是对这种分类整理不同想法的古代机制的继承和发扬[3]。

> 从这篇文章中得出的重要结论是：群体拥有组织智慧，并在很大程度上独立于个体参与者的智慧。这种群体的问题求解能力来自个体之间的联系，并且优于个体的能力。尤为重要的是，这种集体智能的核心似乎在于：一个有助于收集来自每个人的各种不同想法的互动模式，与一个有效的筛选过程，两者相结合以达成共识。人类是否已经进化到群体思考的表现要好于个体思考的状态？[4]
>
> **SOCIAL PHYSICS 社会物理学洞察**

## 用互动模式测量你的管理

我们关于团队的组织智慧的研究表明，团队像处理想法的机器一样运作，其中的互动模式有助于想法的数据挖掘。测量一个团队的互动模式就能让我们精确地预测这个团队的生产率。

我在公司内也看到了这一点。有些公司给人的印象类似上过润滑油的机器，或是所有模块完美贴合的复杂拼图。一个自然的问题是：一个公司的绩效能够仅仅通过观察互动模式来衡量吗？公司或政府这样的组织是否也像想法机器一样，主要通过个体互动来收获和传播想法？

在工作场所，我们不只是像在实验室里做实验那样围坐在桌子旁边。我们其实会在工作时间到处走动，与人们在桌旁、大厅、餐厅以及咖啡机或复印机旁边进行小型非正式场合交谈。因此，我让真实的工作团队使用社会计量标牌，从而在现实世界的多种情景中衡量面对面的互动模式。

我以前的博士生泰米·金（Taemie Kim）、丹尼尔·奥尔京（Daniel Olguin）和本·瓦贝尔（Ben Waber）如今都是我的科技企业社会计量方案（Sociometric Solutions）的同事。我们使用这些社会计量标牌来研究不同种类的工作场所，包括公司里的创意和研究团队、医院里的术后监护病房、传统的后台支持部门以及呼叫中心[5]。想了解一个组织内部的整体互动模式，关键要捕捉其使用的媒介中的所有数据，包括电子邮件和即时消息等。在建立这些沟通渠道之后，我们研究了高产和低产组织内的互动模式。

我的研究小组从数十个办公场所收集了几百 GB 的数据[6]，研究结果以《塑造伟大团队的新科学》（*The New Science of Building Great Teams*）为题发表在《哈佛商业评论》上。我们发现企业内部的面对面参与和探索模式往往是影响生产率和创意产出的最重要因素。在本章的后续部分，我会解释这些模式如何影响了工作产出，以及公司该如何利用这一研究结论。

## 面对面互动，提高生产率的关键

我们首先分析了一个呼叫中心的数据。呼叫中心的不同之处在于，它们是高度标准化的，并且几乎记录所有的东西。由于操作已经非常标准化，呼叫中心的管理员往往会把员工之间交谈的数量减到最小——他们认为员工能够从彼此身上学习到的东西微乎其微。这种想法有多种体现方式，常见的是把员工们的休息时间错开，因为他们认为员工没有必要利用共同的休息时间交流。

2008 年，我们刚同美国银行（Bank of America）开始合作，我认为一个银行呼叫中心的严格管理环境是对如下假设的一个严峻考验：员工之间的想法流是影响生产率的主要因素。我向美国银行提出，我的研究小组要测量员工的互动模式并进行简单的干预来检验是否能够改善想法流。

SOCIAL PHYSICS 大数据的力量

### 让呼叫中心变得更有效率

我们在一个拥有 3 000 多名员工的呼叫中心进行了两个阶段的研究。在第一阶段，我的小组主要关注 4 个团队，每个团队有大约 20 名员工。我们让他们每天在呼叫中心里佩戴社会计量标牌。在 6 周的时间里，我们总共收集了几十 GB 的行为数据。

在呼叫中心里，对生产率最重要的测量标准是平均通话时间（Average Handle Time，以下简称 AHT），因为这一因素决定了运营一个呼叫中心的经济成本。比如，如果一种干预能够使这个呼叫中心的 AHT 减少 5%，那么每年就能够为公司节约大概 100 万美元。

当分析所收集的大数据集时，我们发现影响预测生产率的最重要因素是互动的总量和参与的水平（每个人在“圈子”里的程度）。这两个因素总共预测了组织之间近 1/3 的生产率差异。

这一例子体现了在呼叫中心这个工作团队中，团队表现是如何随着想法流而改变的，这同我们分析 eToro 交易网络的方法类似（见第 1 章中的图 1-2）。只要有了这种想法流和表现之间的关系图，我们就可以校正网络以改善表现。

在这个例子中，我向管理层提议改变呼叫中心的休息时间安排方案。与许多呼叫中心一样，这些员工传统的休息时间安排方式就是每次只有一人休息。然而，因为组织内员工数量众多，所以在团队之间转移呼叫负载的难度与在团队内部转移相同。这意味着每次让整个团队休息与每次让一个人休息是一样容易的。为了增加非正式互动的数量和员工的参与比例，我建议为一个团队所有员工同时安排休息。

SOCIAL PHYSICS 大数据与社会物理学

让员工在休息的时候更多地交流，此举提升了呼叫中心每个工作团队内部的互动数量，也提高了员工的参与水平。AHT显著下降，这意味着员工更加高效，也体现了互动模式和生产率之间的强关联性。根据这一简单改变带来的好处，促使呼叫中心的管理层把他们所有的呼叫中心休息时间安排全部转变为使用这种新体系，并且每年的利润预计可以提高 1 500 万美元。

这个例子清晰地展示了面对面互动的程度对生产率的重大影响。同样的效果是否也适用于其他工作场景呢？为了研究这一点，我们使用了社会计量标牌来监测一种典型的白领后台支持，它为销售人员提供 IT 解决方案。

SOCIAL PHYSICS 大数据的力量

### 让销售支持团队更具生产率

在这个研究中，我们重点关注一个销售支持团队。这个团队有 28 名员工，其中的 23 名员工参与了这一研究。我们的社会计量标牌在这个位于芝加哥地区的数据服务器销售公司使用了一个月（20 个工作日），收集了包括谁与谁对话、受访者的身体语言甚至语调在内的大约 10 亿次测量，共计 1 900 小时的数据，中位数是每个员工 80 小时[7]（数据、论文和其他细节请见 http://realitycommons.media.mit.edu）。

我们研究了每个销售支持任务中的员工的行为。该部门的员工按照先到先服务的方式被指派完成一个电脑系统配置的任务。每位员工在完成任务后将完整的配置及价格交回给销售员，然后这个员工被排

> 在队伍的末尾等待新的任务分配。任务开始和结束的精确时间被记录下来，从而使我们能够精确计算每个员工在每项任务中的生产率。

我们发现，“参与”是预测生产率的中心指标。**“参与”是一个工作团队内部的想法流**。在这个例子中，我们通过计算每个员工的交谈对象之间也相互交谈的程度来衡量参与。在其他因素（包括工作年限和性别）都相同的情况下，参与量排在前三位的员工的生产率比一般员工要高 10%。

因此，在这一白领工作中，我们又一次见证了想法流的概念对于理解生产率和互动模式之间关系的重要性。在这个过程中，员工能够了解行业的窍门——那种区分新手和专家的虽难以看见却非常细微的经验，并且这也是使想法机器有效运转的关键。

## 团队外部的面对面探索模式 + 团队内部的参与模式 = 高创意团队

互动模式不仅对生产率有重要作用，也影响着我们最复杂的创造能力。我的研究小组从多个不同组织收集来的社会计量数据显示，**创意产出强烈依赖于两个过程：想法发现（探索）以及把这些想法融入新行为（参与）**。在实验室和设计车间，低创意团队和高创意团队的区别在于团队外部的面对面探索模式以及团队内部的参与模式。

尽管探索和参与对创意产出都很重要，两者对于互动模式却有着不同且矛盾的要求。其他社会动物（例如猿类部落和蜂群）的做法是在发现想法的“探索”和为了行为改变的“参与”之间交替[8]。

这种把资源发现和团队决策相结合的古老机制推动着包括人类和动物在内的许多组织。例如，不起眼的蜜蜂能够告诉我们许多关于社会互动的好模式。众所周知，工蜂负责寻找好的食物源，找到后会返回蜂窝来回摇摆舞蹈以传递关于食物的距离和方向的信息。这种特殊的舞蹈会鼓励其他工蜂改变原有行为并寻找新的食物源。

然而，人们很少知道的是，蜜蜂也使用相同的机制作为团队决策的基础。一个蜂群需要做出的最重要的选择之一就是筑巢的地点，蜜蜂们会使用一种想法机器来做出决定：蜂群派出一小部分“侦察兵”去探索当地环境。在它们回到蜂窝后，找到理想地点的“侦察兵”会通过一种激烈、活泼的舞蹈把这一发现传递给其他蜜蜂。其他蜜蜂会因此改变行为并和那些“侦察兵”一起回到该地点进行检查。在这些蜜蜂返回后，它们会用舞蹈吸引更多的蜜蜂前往该地点。当这一循环一直持续到赞同最佳地点的“侦察兵”数量达到一个引爆点时，蜂群就会集体迁移到该地点。

蜜蜂的决策过程突出了在用来发现资源的“探索”和用来在同伴社区中传播新行为的“参与”之间的交替行为。我们将会看到，这两种过程对人类组织而言同样重要。每个过程都有不同的需求。蜜蜂使用的解决方案是在一种最有利于探索的星形网络和一种最有利于参与、想法融合和行为变化的紧密耦合网络之间的交替。无论是猿类还是人类，都可以按照需要改变其互动结构的网络以形成使探索和参与最优的想法流[9]。

在典型的企业探索模式中，员工们试图与不同的团队取得联系并进行互动，从而形成一种星形网络，如图 4-2（a）所示。一般而言，通过产生来自团队外部的想法流将有助于发现有用的新想法。在典型的参与模式中，员工采用稠密的连接模式，进行的大部分互动都发生在本团队的其他成员中，比如与团队成员一起午餐或喝咖啡、鼓励团队内部的友谊并确保内向的成员也加入进来，等等。这背后的想法是让每个人都能和团队中其他所有人交流，这就形成了团队内部的高想法流，有助于审视新想法并将其融入团队的规范和习惯之中［见图 4-2（b）］。

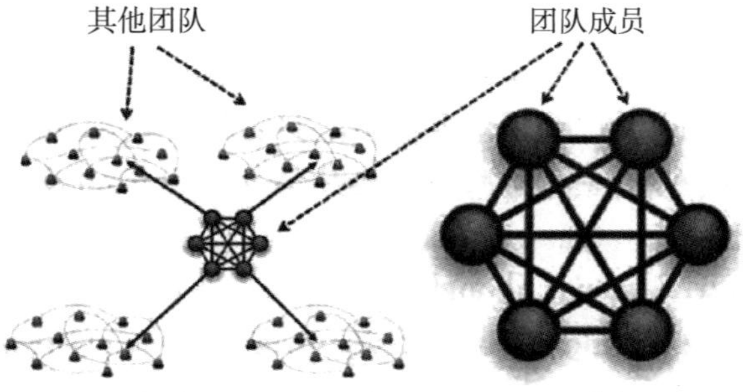


（a）探索是团队成员与其他团队互动。（b）参与是团队内部成员之间的互动。

**图 4-2　探索和参与网络**

定量地看，这就是第 1 章和第 2 章的贝尔明星实验发现的结果："明星员工"对于自己工作的不同方面都很熟悉。高层管理、顾客、销售以及制造团队都有各自不同的观点，把他们的想法与其所在的工作团队内部的其他人的想法相结合是有用的创意思维的主要来源。当然，如今的区别在于我们使用社会计量标牌能够真正衡量这种探索，并确保它既足够密集又足够多样。

SOCIAL PHYSICS 大数据的力量

## 银行互动模式与创意产出

为了验证交替的探索与参与模式和创意产出之间的关联性，我和我的学生与彼得·戈洛（Peter Gloor）和他的同事一起使用了我们的社会计量标牌来衡量一家德国银行市场部内的互动模式。我们在一个月（20 个工作日）的周期内观察了市场部的 22 名员工组成的 5 个团队。每个员工每天都会佩戴社会计量标牌。我们总共收集了 2 200 小时的数据（每个员工 100 小时），监测了电子邮件通信并记录了 880 份电邮往来[10]。

在分析这些数据的时候，我们发现了强有力的证据，表明员工团队会随时间改变其互动结构，并以一种在探索和参与之间交替的方式形成想法流。比如，图 4-3 描绘了员工们一天中的互动，其中底部的深灰色弧线表示团队之间的电邮数量，上部的浅灰色弧线表示面对面互动的数量。

数据分析还表明，负责新的市场营销宣传的团队会在发现新想法的探索和把想法融入团队行为的参与之间交替，这种模式有利于在创意团队内产生想法流。相比之下，负责产品的团队则较少有这种交替，成员们主要和自己团队的其他成员交流。因此，这些团队内较少有新想法的流动。

我们在研究这家公司时还发现了想法流的一个黑洞：人们很少同客户服务小组面对面交谈（图 4-3 中标记为“客服”）。于是，银行通过调整座位安排来确保每个人，包括之前被孤立的客户服务小组，都能进行面对面交谈。由于这一简单的调整，像对客户服务小组而言过多的广告宣传这样的问题都得到了极大的改善。

SOCIAL PHYSICS 大数据的力量

### 现实挖掘研究实验

这种在探索和参与之间交替的模式是否真的能够带来创意产出？为了进一步研究这个问题，我和研究生内森·伊格尔（Nathan Eagle）进行了一项叫作“现实挖掘研究”（Reality Mining Study）的实验，研究了 MIT 的 94 个成员之间共 33 万个小时互动数据中的网络模式。我们使用参与者携带的智能手机来收集数据，从而衡量出 MIT 媒体实验室里不同研究小组的面对面互动模式。

我和董文发现这些小组在实验室的人力资源调查中也对自己的创意产出进行了排名。当比较这些创意评估和互动模式时，我们发现，具有更为多样化社会网络的团队也认为自身具有更高的创意产出[12]。**换言之，这些社会网络内部探索和参与之间较为频繁的交替是与创意产出相关的**——至少社会网络内的

**现实挖掘** REALITY MINING

分析人们生活中留下的数字痕迹内的规律的过程。

人是如此认为的（见深度洞察“现实挖掘”）。

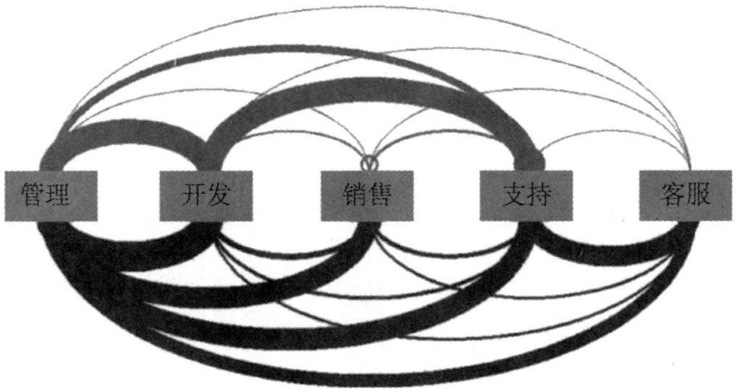


两个团队之间的弧线的宽度表示面对面互动的数量（上部的浅灰色弧线）或电邮的数量（下部的深灰色弧线）。

**图 4-3　市场部门内员工之间一天的互动模式**

虽然这些结果让我们更多地了解了探索–参与的循环是如何与主观的创意产出相关联的，我们仍希望有更强有力的证据表明这种模式能预测客观的创意产出。遗憾的是，客观衡量创意产出的方法很难找到：谁知道哪些东西是真正具有创造力的呢？现行最好的方法或许是由哈佛大学的特雷莎·阿马贝尔（Teresa Amabile）教授发明的 KEYS 创造力评估工具[13]。KEYS 评估现在被公认为衡量组织工作环境内的团队创造力和创新性的最好标准。

SOCIAL PHYSICS 大数据的力量

## 以 87.5% 的准确度预测哪一天最有创意

在皮娅·特里帕蒂（Pia Tripathi）的博士论文研究中，她与导师温·伯利森（Win Burleson）和我一起使用社会计量标牌研究了美国的两家研发实验室[14]。她把社会计量标牌分发给两个均包含 7 名成员的小组，一组使用 11 天，另一组使用 15 天。KEYS 团队评估能用来定量衡量自我评价和专家评价的创意产出。这两个评价分数每天的数值随后被分为高分小组和低分小组，用于区分创造力充沛和匮乏的日子。

> 对 KEYS 团队评估出的创意数据的分析表明，成员在创造力充沛的日子里拥有更多的参与和探索。事实上，将对参与和探索的衡量结果进行简单结合就能以 87.5% 的准确度预测哪一天最有创意。

我们又一次看到了在参与和探索之间交替的模式能够促进更多的创意产出。探索阶段非常适合把新想法带进小组，而参与阶段最适合达成关于想法的共识。用赫伯特·西蒙的话来说，如果存在关于某一想法的共识，那么该共识将会被融入团队的“行为习惯”库中，用于成员的快思考。换言之，**在探索和参与之间交替的过程能建造一个更为多样、堪当示范的经验库，从而增加创意产出。**

创意产出和经验多样化之间的联系似乎来自潜意识的认知力量。科学文献中有相当多的证据表明，对于复杂问题的求解而言，潜意识认知要比有意识认知有效得多[15]。在没有更具逻辑性的慢思考干扰的时候（如在睡眠或是潜意识思索一个想法的时候），我们的快思考似乎能起到最佳效果。快思考采用关联而不是逻辑，因此它能够通过寻找有创意的类比来更容易地实现直觉跳跃。慢思考则能拿来一个新情景的经验并让其渗透一段时间，然后通过关联产生一串相似的行动。相比之下，专注的慢思考模式能够深入洞察我们的行为，帮助我们发觉问题并制订不同的行动计划。

## 社会学习的机会越多，好的想法流越易形成

在本章中，我们看到了想法流的模式是如何影响工作团队和组织的组织智慧的。我们尤其关注好的想法流是如何改进决策、生产率甚至创意产出的。在对数十个组织的研究中，我们发现社会学习机会的多少，特别是同伴员工之间非正式的面对面互动的数量，往往是对公司生产率影响最大的因素。在研究中，我们通过测量团队参与来衡量社会学习机会的多少：与某个

人交流的那些人是否也相互交流？同伴网络内部连接以及网络之间的连接有多紧密[16]？

由于这种社会学习的机会和生产率之间的关系，改进社会学习的简单技巧往往能得到巨大回报。我们已经看到，改变休息时间安排这样的简单举动就能够让员工彼此更容易地交谈，从而提高生产率，为公司每年节省 1 500 万美元。在另一个公司里，提高员工生产率最简单的方式是加长公司的午餐桌，从而迫使互不相识的人坐在一起进餐[17]。在下一章中我将会介绍如何把互动模式的可视化用于改进想法流，即让每个人都知道当前的模式并继而对如何改进模式形成共识。

这些例子表明：我们的行为很大程度上来自社会学习，这也是与周围同伴的交流非常重要的一个主要原因。随着交流增多，社会学习的机会会增多，分享隐性的操作知识和成功的工作习惯等重要资源的机会也相应增多。换言之，许多有关如何成功和如何有效工作的重要想法很有可能是在咖啡壶或饮水机旁闪现的。

SOCIAL PHYSICS

HOW GOOD IDEAS SPREAD—THE LESSONS FROM A NEW SCIENCE

第 5 章

# 塑造组织

## 互动模式可视化如何提高生产率和创意产出

SOCIAL PHYSICS

- 要想从使用组织结构图的管理转型到监测想法流的管理，就需要放弃只有依靠个体才能管理组织的方法，并转而通过塑造互动模式来获得更好的组织智慧。

- 把你的工作想象成改进想法流、让大家相互交流并在团队之间建立联系的过程，这些都能有效地提高绩效。

关于组织的社会物理学观点专注于互动模式，如同某种进行想法发现、融合和决策等必要工作的“想法机器”。领导者可以通过促进组织内部健康的互动模式（包括对话等直接互动以及旁听或观察等间接互动）来提高组织的绩效。这与专注于组织中的个体或所传播的信息的具体内容形成了鲜明对比。当把组织看作主要通过个体互动来收获和传播想法的想法处理机器时，我们显然需要建立健康的想法流模式。

**我们在对20多家组织的研究中发现，组织内部的互动方式往往能够解释绩效好和绩效差的组织之间为何会出现将近一半的绩效差异**[1]。这使得想法流模式成为可由领导者塑造的影响绩效的最重要因素。然而，如今世界上没有任何一个组织会跟踪记录面对面和电子互动模式。正如大家所知，如果对一件事情缺乏衡量标准，我们就无法对其进行管理。

**SOCIAL PHYSICS 社会物理学洞察**

我发表在《哈佛商业评论》上的文章《塑造伟大团队的新科学》里指出：要想从使用组织结构图的管理转型为监测想法流的管理，就需要放弃只有依靠个体才能管理组织的方法，并转而通过塑造互动模式来获得更好的组织智慧[2]。通过放弃静态的组织结构图并转而专注于真实的互动网络从而让每一个人都参与进来，使好的想法更有可能转变为协调的行动[3]。

实现好的想法流的第一步就是让人们了解自己的互动模式。遗憾的是，要让人们了解到这些通常是很困难，甚至不可能的。除非亲自在场，否则你如何知道大厅里发生的面对面的对话说了什么？我们如何知道一个人是通过观察另一个人的操作从而学会使用复印机的呢？

一个直观的想法是，让每个人看到互动模式，并一起合作以创造更好的想法流模式。为此，我的研究小组创建了互动地图（用于测量一个团队或组织内部的互动模式并给出反馈）来使成员们了解个体之间和工作团队之间的想法流。我们的目标是增加工作团队和整个组织的社会智能，从而提高它们的绩效。

**一旦人们看到互动模式，就能开始讨论如何最好地管理它们。有关哪些模式需要强化或减少的讨论，将会使人们对需要做出哪些改变达成共识。这种共识继而会产生社会压力，使大家采用被一致认可的模式。**

**SOCIAL PHYSICS 社会物理学洞察**

为了实现一个典型的组织内部互动模式的可视化，我们给管理人员和员工佩戴了特别设计的社会计量标牌（详情请见深度洞察“现实挖掘”）。我们随后为每个人提供了他们互动模式的图表反馈，并使用了一种能够在电脑屏幕上显示或打印出来以便小组讨论的信息仪表盘（dashboard）。反馈可以是实时的，或者（在大部分情况下）会在第二天刚上班时发送。

最有用的可视化反映了组织内部参与和探索的水平，因为这些是健康的想法流的两个主要模式。从个人的角度出发，参与意味着如果与你交谈的人们彼此之间也互相交流，那么你就置身“圈内”并且处于良好的状态。我们发现，不考虑内容、性格和其他因素，参与水平本身就能预测出组织生产率高达一半的差异。探索则是一个组织中的成员从外部带进组织的新想法的多少，它能够帮助组织预测创新和创意产出。因为创新是长期绩效最重要的驱动力，对管理者而言，重要的是帮助员工建立多元化的人际关系以鼓励探索。

## 塑造高效组织的途径 1：参与

某些类型的组织中难以产生好的想法流，比如分布很广并且使用多种语言的组织。为了应对这个常见的问题，我的 MIT 研究小组开发了提供与参与有关的实时图表反馈的方法，以促进多种不同类型的工作团队绩效的提高。我们的目标是让人们通过使用这些实时图表显示获得促进更好的互动模式所需要的社会智能，从而带来更高的生产率和创意产出。



### 会议协调仪让分散的团队更高效

图 5-1a 中的工具叫作“会议协调仪”（Meeting Mediator），它是由我的博士生泰米·金在其博士课题研究中开发的。它有两个主要组成部分：一个用来捕捉话轮转换的社会计量标牌，一个用来将小组互动可视化的手机[4]。在这个会议协调仪系统中，当组内参与程度高的时候，中间的球会呈绿色[5]；当每个人的参与程度大体相当时，互动模式是健康的，球会如图 5-1b 所示移向屏幕的中间。当某个人主宰对话时，球会变白并移向说话过多的人，如图 5-1c 所示。这种手机可视化提供即时反馈能够鼓励均衡参与并提高小组内部的参与积极性。

这种反馈系统的一个优点是它十分简单，甚至能够在人们没有留意显示屏的时候起作用。我们发现会议协调仪在地理上分散的团队内尤其有效，往往能将团队的绩效甚至是信任程度提升到与面对面互动团队一致的程度[6]。如我们在第 3 章里看到的那样，高度的信任是灵活合作的基石。

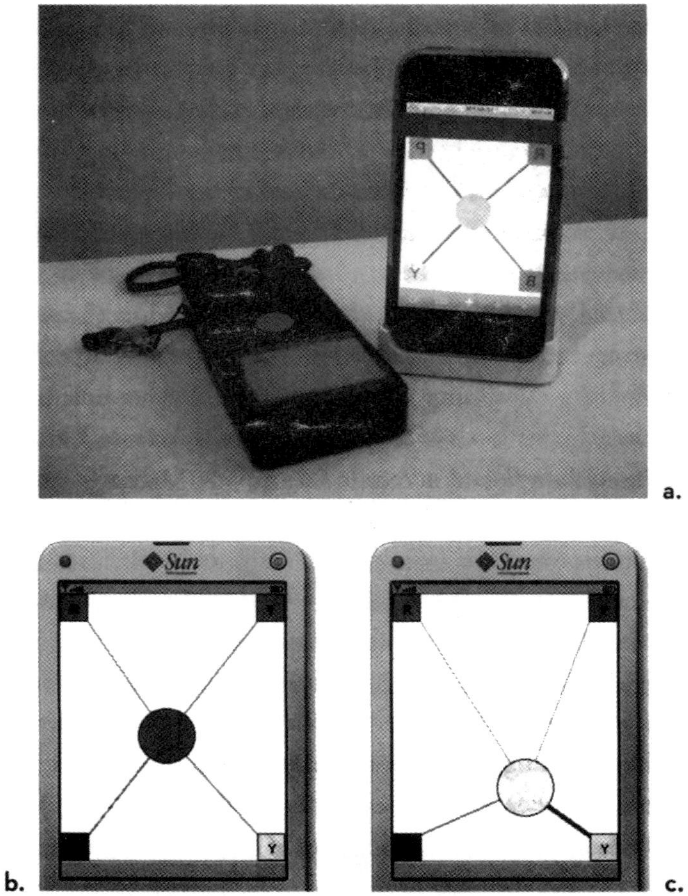


a 中显示的会议协调仪包括一个记录团队互动模式的社会计量标牌和一个显示实时反馈的手机。当团队参与度高的时候，中心的球变黑（见 b）；当团队参与度低的时候，球会变白（见 c）。当互动模式是健康的并且每个人的贡献大体相当时，球会移向屏幕的中间（见 b）；当团队由某个人主宰对话时，球会移向那个说话较多的人（见 c）。

**图 5-1　会议协调仪**

当地理位置分散的团队使用会议协调仪的时候，最明显的变化在于每分钟成员的发言次数显著增加，且每个成员发言的次数更加均衡。换言之，组内有多次简短的发言并且每个组员都参与讨论，没有人处于主导地位。根据第 4 章讨论的关于组织智慧的"秘诀"，我们期望会议协调仪能够提高团队的生产率。

这种团队行为的改变确实带来了我们期望的绩效的提高。在实验室的实验中，使用会议协调仪的地理位置分散的小组不仅合作水平显著提升，而且各方面与面对面互动小组几乎没有区别。此外，当我们询问成员之间的信任及归属感时，我们得到了同样的结果。重要的是，如果研究人员仅阅读人们谈话的文稿记录，他们并不能确定哪一个小组合作得更好，或拥有更高程度的信任。因此，重要的是参与，而不是所说的内容。

**会议协调仪系统还能够帮助地理位置分散的小组改善想法分享，使其达到与面对面互动小组相同的水平。**为了研究这一点，在另一组实验室实验中，我们测量了小组设法得出某个试验性问题中所有批判性想法的速度和完整性。这些数据表明，最重要的是参与的相似性，尤其是每个小组成员的贡献应大致相当。这与第 4 章的组织智慧实验中得出的结果再次吻合。

**令人惊讶的是，这种相似性效果不仅适用于讨论中发言的次数，还可以扩展到人们的肢体语言——尽管这些地理位置分散的团队成员彼此看不见对方。**事实上，团队绩效越好，就会有越多成员具有共同的节奏，包括肢体动作、语音和声调。绩效最佳的团队步调一致，成员间几乎是彼此完全同步的[7]。

SOCIAL PHYSICS 大数据的力量

### 可视化反馈，提高多语言团队的沟通绩效

类似的可视化反馈也能提高多语言团队的绩效。我们在日本东京举行的一个领袖论坛中使用了社会计量标牌。这一论坛聚集了 20 名主要来自波士顿地区的大学的美国学生和 20 名主要来自东京地区的大学的日本学生。这些学生被分为 6~8 人的小组，参加一项专注于创意设计并需要全组成员合作的训练项目。学生参与者在 7 个工作日的工作时间内都需要佩戴标牌。

> 我们担心文化和语言障碍会影响这些小组的绩效，因此我们希望参与者之间进行更多地互动并尽快融合成一个团队。为此，我们使用社会计量标牌测量他们每天在一起工作时的交流方式。在每天的工作结束时，我们会为团队成员提供一张团队沟通模式的可视化图表。

图 5-2 显示了社会计量标牌在互动初期捕捉到的典型团队的面对面互动模式[8]。圆圈的大小代表一个人参与对话的时间，连接线条的粗细代表两个人之间的通话量。在这个例子里，最下方的两个学生是日本人，其余的是美国人。

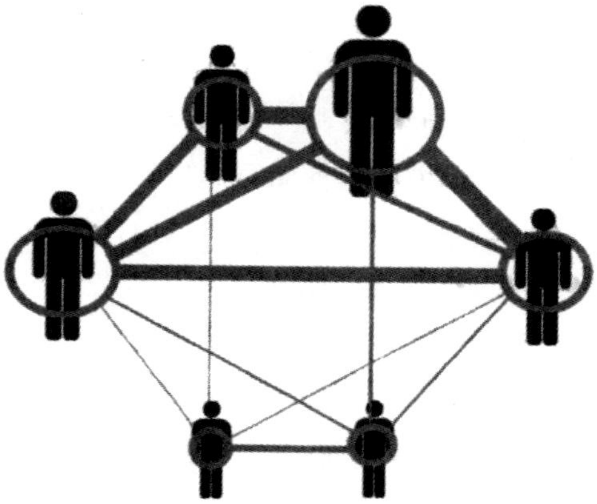

**图 5-2　多语言团队互动模式**

在开始的时候，美国学生和日本学生主要在各自的群体内互动。这种较差的团队整合部分是由于小组讨论使用英语，所以日本学生面临着语言障碍和文化差异。然而，在一周要结束的时候，团队就近乎完全融合了，并且互动的整体模式也出现了显著的改善。在一周结束之后的任务报告里，学生们称赞社会计量反馈帮助他们形成了融合度更高、绩效更佳的团队。

## 塑造高效组织的途径 2：探索

如同我们在第 4 章中讨论的那样，创意产出特别依赖探索。遗憾的是，我们很难知道一个团队的探索模式，这部分是因为创意产出通常是由个体而不是团队完成的。因此，找到一种能够将团队的探索模式可视化的方法对于支持好的想法流而言极为重要。

虽然对于一个小组和组外人员之间的想法流的数学测量或许是衡量探索的最佳方式，但一般情况下简单统计外部互动的数量就可以了[9]。换言之，在社会网络中包含反馈环或结构洞等复杂的东西，只有在我们预期这种网络结构可能产生问题的特定场合中才有必要。

图 5-3 显示了小组探索行为的一个例子[10]。在图中，我们看到了小组之间的互动模式（小组 $P_{00}$~$P_{18}$ 之间的灰色弧线）以及小组内部的互动模式（底部的灰色圆圈）。每条弧线的宽度代表小组间互动的数量，圆圈的大小代表每个小组内部的互动量。可以看到，管理者小组（$P_{00}$）与一些小组有良好的参与，而与另一些小组则没有参与。更糟糕的是，总体来看，没有一个小组具有较高的组与组之间的互动。同样重要的是，除了 $P_{15}$ 和 $P_{17}$ 小组之外，其余小组几乎没有组内互动。这看上去像是传统的自上而下管理方式的最坏情况。

正如我们在上一章中讨论的那样，拥有如此差的探索模式的组织经常陷入陈旧的行为模式。而且在这些组织中，不同的工作团队往往会对任务的理解存在较大的偏差。以第 4 章中研究的德国银行为例：由于没有人与客户服务小组沟通，广告宣传设计往往没有考虑客户服务小组能否承担分配到的任务。管理者需要使用如图 5-2（参与）和图 5-3（探索）中所示的信息中心把沟通模式可视化，并采取措施以确保团队内部以及团队之间的想法流。

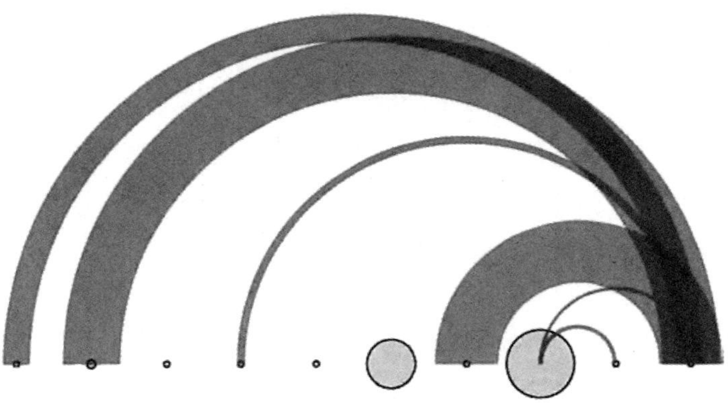


图 5-3　一个探索信息中心

## 塑造高效组织的途径 3：多样性

社会智能的一个关键方面是要辨析所收获的想法是否足够多样化。如果一个社会网络拥有太多的“环”而导致同样的想法一再循环，或者有助于探索的外界沟通渠道过于雷同，那么想法流就缺乏多样性。我们有如下三种监测并处理回音室问题的基本方法：

- **赌徒方案（bookie solution）**。惠普实验室的伯纳德·胡伯曼（Bernardo Huberman）① 研究小组开发了一种方法：先请每个人预测其他人将要说的话 [11]。经检验，这种方法在想法市场相当有效，例如在人们就竞选结果或电影票房收入下赌注时。
- **贝叶斯真理血清（Bayesian Truth Serum）**。这是一种用于辨析谁真正拥有重要的新信息的方法，它是由 MIT 的卓瑞森·普瑞雷克（Drazen Prelec）发明的 [12]。我们也可以把它称为是解决想法流多样性不足这一问题的聪明

① 伯纳德·胡伯曼是惠普实验室的社会计算实验室主任。2010 年，该实验室通过分析 Twitter 上 280 万个针对 24 部电影的正面及负面评价，预测了电影的票房收入。——译者注

人的方法。

- 在这种聪明人的方法中，我们会寻找能够准确预测他人反应且自己的行为与众不同的人。其背后的逻辑在于，如果一个人能够预测他人的行为，他就已经知道了常识。但是，如果他的行为也与众不同，那么他肯定了解一些他人不知道的信息。因此，这些聪明人的行为能够被当成独立的信息。

- **社会影响估计**。这一方法是我所想到的：估计人们之间的社会影响的数量，跟踪记录人们的想法和行为之间的依赖度[13]。比如，经常拥有相近观点的人可能具有相似的信息来源，因此这种一丘之貉式的意见不能被当作独立意见。这通常会在关系紧密的社会群体中发生，因为这种群体的成员经常共享信息，而且可能存在使其观点保持一致的社会压力。我们通过关注网络内部的想法流来剔除这些影响，从而整合更可能是真正独立的观点。

- 在大部分实际应用中，我发现第三种方法（即估计人们之间的社会影响的数量）是最简单有效的。对于大型群体而言，一个实用的方法是使用附录二“数学”中描述的影响模型。然而，对于涉及多种权衡的复杂问题，聪明人的办法也许是最佳的——没有什么比得上私人信息来源和成功的新策略。

## 做组织中的魅力型连接者

我们在《科学》发表的文章中描述了团队的智能，发现拥有较高社会智能的团队成员能够在多种不同的任务中提高团队的整体绩效。我们在其他研究中发现，提供互动模式的可视化反馈能提高团队内的社会智能。这种反馈改进了团队的互动模式，从而改善了团队的客观绩效[14]。

在上一节里，我们探讨了团队内部想法流的可视化带来的益处。这种反馈是一种由计算机辅助的社会智能，能产生改进团队互动模式的社会压力，并因此提高了工作团队的绩效。社会智能、社会压力或社会网络激励还能被怎样用于改进工作团队内部的想法流呢？

促进形成高绩效文化最常见的方法之一是使用领导者的个人影响力。高效的领导者通常都具有某种个人魅力：精力充沛并有条不紊地与他人互动；能够引导自己组织内的互动模式朝正确方向发展；并不主宰团队内的讨论，而是鼓励好的想法流模式。

我和博士生丹尼尔·奥尔京做的一项研究诠释了这种个人魅力。

SOCIAL PHYSICS 大数据的力量

### 谁是团队中的魅力型连接者

我们与一组在 MIT 参加为期一周的集中式高管教育课程的高管合作，该课程的设计作业是设计一份商业计划[15]。这一次，我们使用社会计量标牌来观察高管们在开学第一晚交际活动中的表现。也许会让活动组织者感到失望的是，我们发现高管在课程开始前的交际活动中显示的社交风格，能够极好地预测他们团队的商业计划在课程结束时得到的评价。

我把具有最成功风格的人称为魅力型连接者（charismatic connector）。这些人在组织中积极地走动，并与他人进行简短但充满活力的对话，他们扮演的角色很像采集花粉的蜜蜂。我们发现一个团队成员中这样的魅力型连接者越多，在商业计划比赛中的团队表现就会越好。这种魅力型连接者的社交风格占主流的团队具有更为公平的话轮转换和更高水平的参与，而这正是组织智慧需要的。

魅力型连接者不只是性格外向或经常参与聚会，他们确实对每一个人和每件事都感兴趣。

**魅力型连接者** CHARISMATIC CONNECTOR

魅力型连接者具有以下特征：精力充沛并有条不紊地与他人互动；能够引导组织内的互动模式朝正确方向发展；并不主宰团队内的讨论，而是鼓励好的想法流模式。

我认为他们真正感兴趣的是想法流，尽管可能只有小部分人会如此描述他们的兴趣。这些魅力型连接者倾向于推动谈话、询问他人的生活和项目进展，以及解决问题的方式。这让他们对发生的每件事都有很好的感知，并成为社会智能的来源。与他们交谈的人也会感觉良好：一个人真心对你所做的事感兴趣，这样的机会并不太常见吧？这是令人感到荣幸的体验。

或许魅力型连接者最大的作用不仅体现在团队内部，也体现在团队之间。在坦辛姆·乔杜里的博士论文研究中，我们发现经常推动谈话进行的人（如经常好奇并提问的人）是组织中的连接者[16]。他们推动想法跨越小组的界限并让每一个人都保持在“圈内”。因此，这些拥有高度社会智能的魅力型连接者是组织取得成功的关键。

> 人们可以自我学习如何成为魅力型连接者——因为这是后天塑造，而不是先天决定的。其中的诀窍在于效仿有创意的人：他们关注周边任何的新想法，对于有趣的事情，他们会试探他人的想法；他们还尝试扩展社交网络来容纳许多不同类型的人，从而获得尽可能多的不同想法。他们在咖啡壶或饮水机旁与守卫、销售人员以及其他部门的负责人交谈。他们询问新动态，关心别人的烦恼及其处理方法，并与别人分享想法。做一个想法收集者不仅有趣，而且人们会感激这种持续更新的帮助。
>
> **SOCIAL PHYSICS 社会物理学洞察**

我们看到了互动模式可视化能够帮助员工和管理者塑造想法流，从而提高组织的生产率和创意产出。我们让团队成员更好地了解团队内和团队间的沟通模式，从而改进他们的社会智能，带来更高的生产率和创意产出。

在上一节中，我们也看到了员工和领导者可以使用个人的互动模式直接改变想法流并激励他人养成好习惯。因此，把你的工作想象成改进想法流、让大家相互交流并在团队之间建立联系，这些都能有效地提高绩效。

在下一章中，我们会探讨如何使用社会网络激励来更有组织地实现相同的目标。我会阐明社交网络激励能够被用来快速地发展组织，并帮助它们迎接瞬息万变的环境的挑战。

第6章

# 变革组织

## 社会网络激励如何创建速成组织和应对颠覆式变革

SOCIAL PHYSICS

- 所有组织从某种程度上来说都是动态的，随着组织对新事件或新情况的反应，他们的想法流网络内也会出现可预测的变化。

- 我们是想法、商品、“投资”和信息的交易员，而不只是传统市场思维造就的竞争者。在生活的每个领域，我们建立了一个由可靠的人际关系组成的网络，并且与其他关系相比更为青睐这些关系。这种由可靠的社会纽带组成的网络中的交流能够促进想法流动，并形成一种具有包容性、充满活力的文化——这也是我们社会的组织智慧的来源。

由于包括经济学在内的社会科学不得不依靠非常贫乏的数据，科学家们往往难以了解变化的过程。以前人们难以收集到足够数量的连续的、细粒化的数据，这意味着社会科学分析往往局限于检查变化的前提条件或者缓慢出现的重要现象（如人口变化或长期的健康状况等）这类问题。例如，经济学在历史上一直是由平衡状态分析主导的，该分析假设一切事物都是均衡的（而这与人类世界的大多数情况并不相符）。

随着数字媒体和大数据时代的到来，一切都发生了变化。如今我们能够观察人类组织微秒级的变化以及数百万人之间所有的互动情况。在观察一个组织内部细粒化互动模式的时候，我们所发现的数学规律能够帮助我们可靠定制组织的表现并预测组织将如何应对新情况。

在第 1 章中，我们强调了发现想法和信息需要的探索过程，阐明了社会网络激励能够用来确保人们的探索适度多样化。第 3 章通过说明社会网络激励也可用于强化合作行为，诠释了用于把想法转变为行为规范的参与过程。在这两种情形中，激励针对的都是驱动社区从失败向健康的方向发展的社会互动，而不是个体行为。

## 红气球挑战赛

现在，让我们分析一下“红气球挑战赛”（Red Balloon Challenge）。在这个比赛中，我的研究团队使用社会网络激励组建了一个全球化组织，在几个小时内完成了一项艰巨的任务，打败了数百个竞争团队并赢得了奖金。我们取得成功的策略十分新颖有效，被选中发表在《科学》上[1]，随后在《美国国家科学院院刊》（*Proceedings of the National Academy of Sciences of the United States of America*）的一篇文章中做了进一步的扩充论述[2]。

红气球挑战赛是由美国国防部高级研究计划局（Defense Advanced Research Projects Agency，简称 DARPA）为了纪念互联网诞生 40 周年而赞助的一项比赛。挑战赛的目的在于发现使用互联网和社会网络解决时间紧迫的搜索问题的最佳策略。

这类问题的典型例子包括：自然灾害后的搜救工作；搜寻逃犯；应对需要立即关注的健康威胁；鼓动支持者在政治竞选中投票。这一挑战赛还突出了在像电影制作或大型建筑项目这样规模大、时间紧的定制项目中构建动态组织的困难。

在这种时间紧迫的社会动员问题中，由于联系到每个人所需的高成本以及灾难后基础设施损害等因素，通过大众媒体实现充分的动员往往是不切实际，甚至是不可能的。在这些情况下，我们不得不求助于分布式的沟通模式来散布信息。例如，2005 年给美国新奥尔良地区带来严重破坏的卡特丽娜飓风（Hurricane Katrina）过后，在那些通信基础设施遭到严重损害的地区，业余收音机志愿者帮助恢复用于紧急调度服务的 911 信号。

## 红气球挑战赛

在红气球挑战赛中，每个团队必须找到 10 个散布在美国大陆未知地点的红色气象气球。首先找到全部 10 个气球的队伍能够赢得 4 万美元奖金。据 DARPA 报道，美国国家地理空间情报局（National Geospatial-Intelligence Agency，简称 NGA）的一名高级分析员将这一问题称为“传统的情报收集方法无法解决”的问题[3]。

我的研究小组在这些气球被放置前几天才得知这一挑战，虽然那时 DARPA 已经对这个比赛宣传了近一个月，并且有近 4 000 个团队报了名。尽管竞争激烈，我们还是认为自己有机会获胜，因为这是我们擅长的领域。我们快速组建了包括赖利·克兰（Riley Crane）、盖伦·皮卡德（Galen Pickard）、潘巍和曼纽尔·塞布里安（Manuel Cebrian）的团队，并得到了安摩尔·马登和伊亚德·拉瓦（Iyad Rahwan）的帮助。

与比赛中的其他队伍不同，我们的策略是不仅奖励正确告知气球地点的人，还奖励那些把找到气球的人成功介绍给我们团队的人。如果我们团队赢得 4 万美元奖金，我们会将 4 000 美元作为每个气球对应的奖金。

对于每个气球，我们承诺，奖励第一个告知这个气球地点的人 2 000 美元，把找到该气球的人成功介绍给我们团队的人 1 000 美元，而把前面这个介绍人介绍给我们团队的人 500 美元，把再前面这个人介绍给团队的人 250 美元，以此类推；剩余的奖金会被捐赠给慈善机构（见图 6-1）。

对于每个气球奖金的分配，我们的社会激励方法与直接把 4 000 美元奖励给找到某个气球的人这种基于市场的方法主要有两点区别：首先，直接奖励可能会阻止人们扩散有关我们团队的信息，因为任何加入搜寻的新人都可能为奖金带来额外竞争；其次，直接的方法排除了居住在美国大陆之外的人，因为理所当然地认为他们没有可能找到气球。

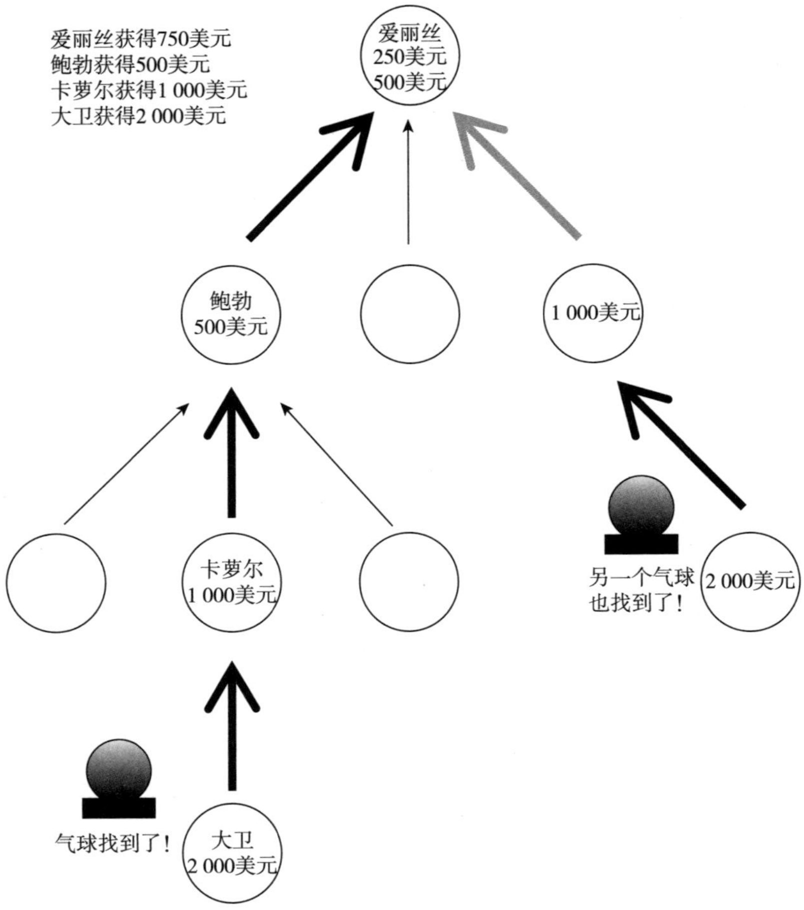


这里，大卫是把某一个气球位置告知我们团队的第一人，帮助我们赢得了比赛。大卫由于找到了一个气球而获得了 2 000 美元。卡萝尔由于介绍了大卫而获得 1 000 美元，鲍勃由于介绍了卡萝尔而获得 500 美元，爱丽丝由于介绍了鲍勃而获得 250 美元，剩下的 250 美元捐赠给了慈善机构。

**图 6-1　奖金分配示例图**

这两个因素却在我们最后的成功中扮演了重要的角色，我们的人员链最长达 15 个人，并且有关我们团队信息扩散的推文 1/3 源自美国本土之外。

更广泛的奖金分配鼓励了更多的人（超过 5 000 人）加入我们的团队，包括不住在美国但是能够简单地通过给可能找到气球的人发电邮而获得奖金的人。更令人惊奇的是，据估计，我们的 5 000 名队员中每个人平均通知了 400 名朋友，总计大约有 200 万人帮助我们寻找红色气球。

由于使用了这种社会网络激励策略，我们的研究团队成功地在 8 小时 52 分钟 41 秒内识别出了 10 只气球的地点。

## 创建速成组织，不是众包，而是社会网络激励

乍看之下，很多人认为“红气球挑战赛”是众包（crowdsourcing）的一个例子，类似于亚马逊土耳其机器人（Amazon Mechanical Turk）[①]，它让用户“雇用”几千名独立个体进行简单的个人工作。但是，这属于过时的市场思维，而且其他使用这种策略的团队都没有成功。

> 重点不在于让很多人一起工作是有可能的，而在于让人们组建一个确实有效的组织是有可能的。这也是我们既奖励找到气球的人，也奖励动员他人帮助寻找的人的原因。我们为完成这两项任务提供的奖励大体相同，因为构建网络与寻找工作本身几乎同样重要。我们使用了一种标准化的个体经济激励来动员人们为我们提供气球的信息，也使用了社会网络激励让他们鼓励更多人参与进来。我们在“红气球挑战赛”中使用的方法是惊人的，因为这表明我们能够在短短数小时内构建拥有数千人的组织以成功完成一项看似不可能完成的任务。
>
> **SOCIAL PHYSICS 社会物理学洞察**

作为比较，我们再来看一下维基百科，这是一个由志愿者设立的庞大的

① 亚马逊土耳其机器人是亚马逊公司于 2005 年推出的一项服务，通过它可以将人的智能整合到远程过程调用，利用人的网络来执行不适合计算机执行的任务。——译者注

在线百科全书网站，经常被作为众包的成功案例。虽然很多人为网站中的内容做出了贡献，但是也有一群敬业的核心编辑数年来对添加的内容进行组织和编辑。尽管维基百科例子中使用的网络激励是社会而不是金钱层面的，雇用这些编辑的方法与我们在“红气球挑战赛”里使用的方法是相似的。正如在 FunFit 实验中那样，这些雇用编辑的行为一开始是由社会网络激励塑造的，随着时间的推移，这一群体会成为深度参与的工作团队，并具有标准化的、可分享的做事方式[4]。

我们想象一下，如果使用与土耳其机器人类似的真正的众包工具来构建维基百科，并且不使用任何网络互动或社会激励，结果会怎样？在这种情况下，员工们彼此互不相识，他们可能只收到一封电子邮件告诉他们下一个任务是什么。数千甚至数百万的员工会收到独立创作内容的报酬，然后数百人会得到审核内容质量和完整性的报酬，另外有部分人会被雇用进行必要的编辑，最后可能还需要一个小的核心管理团队来制定政策和统筹协调。我们不难看出，这种层次化的众包效率低、成本高，并且结果还可能一团糟。

然而，这种层次化的众包恰恰是 20 世纪大部分企业所采用的模式。员工坐在办公间内独立工作，随后他们的产出被送到连名字都不知道的员工手中进行下一步操作。其他不知名字的员工随后使用核对表进行质量控制，最后由核心管理层监管整项工作。这是传统的百科全书制作成本如此之高的原因，也是如今大部分企业依旧效率低下并且行动缓慢的原因。

**SOCIAL PHYSICS 社会物理学洞察**

这里反映的核心问题是这种过时的组织是使用市场思维构建的：激励没有个性、一模一样的员工机械式地工作。由于这种组织结构几乎没有同伴之间的网络激励，员工们往往不会互相帮助以学习最好的做法或维持高水平绩效；同时，由于员工不参与管理，也没有机会向他人学习，工作过程变得既死板又低效。相比之下，在维基百科的组织里，

> **贡献者和编辑之间频繁的交流形成了一种互动模式，它能够满足这种快速增长的组织的需要。围绕这些互动习惯的同伴压力能够非常高效地让人们进行协调。**

## 高压力带来高互动

“红气球挑战赛”反映了一种极端的组织动态行为。所有组织从某种程度上来说都是动态的，随着组织对新事件或新情况的反应，他们的想法流网络内也会出现可预测的变化。

我们来分析一下参与过程，它推动组织习惯的形成并通过社会压力令这些习惯得到遵守。当一个团队面对变化时，它需要产生并遵守新的互动习惯，以适应新环境。

一件新产品、一个新的电脑系统或是重组公司往往意味着每个人的工作都会改变。因此，要与谁进行协调，具体任务以及分工都可能出现改变。所有这些都意味着形成和采纳新习惯是十分紧要的，因此团队之间的参与更有必要。

这种员工参与水平在面对新挑战时出现的系统性变化恰好是我们在研究中观察到的。例如，当我的研究小组衡量一家德国银行内部的互动模式时，员工们突然被安排了比平时多很多的工作量（见图 4-3）[5]。通过使用社会计量标牌的秒级感知能力，我们看到员工之间的参与水平几乎立刻呈直线上升，这帮助他们建立起新的工作模式来应对增加的工作量。

在监测一家拥有大约 120 名员工的旅游公司裁员后的情况时，我们还观察到了另外一个在建立组织习惯时的互动例子[6]。我们通过细粒化的秒级数据看到，在裁员刚刚结束之后，随着留下的员工开始通过生成新的互动模式来适应新情况，参与水平立即出现了飞速增长。有趣的是，在裁员发生前互动最多的员工最轻松地适应了新的互动模式。

或许，有人认为我们观察到的互动的增加仅仅是人们在互相提供社会支持。事实上，互动还起到了更多的作用。因为正如我们在前两章中看到的那样，互动的改变也会导致生产率的改变。高压力几乎会立刻带来更多参与，因为人们会开始相互交谈以弄明白该做什么，并进而开始形成更适应环境的新的互动模式。随后，互动网络的变化与社会网络激励相似，减压的需求会推动建立新的互动模式。

**SOCIAL PHYSICS 社会物理学 洞察**

## 信任，驱动想法流的社会资本

信任是通过与他人之间稳定、频繁的互动建立的，因此社会网络先驱巴里·威尔曼（Barry Wellman）提出：对于社会纽带强度的粗略测量也许反映了社会接触的频率[7]。在第 3 章中，我们看到威尔曼是完全正确的：在我们的“朋友和家庭”实验中，直接互动的频率准确预测了两人之间的信任程度。**不断增进的信任能够促进更多想法流，并带来更高的效率。**

**SOCIAL PHYSICS 大数据与社会物理学**

社会纽带的强度是第 3 章中介绍的参与实验以及“红气球挑战赛”中的关键变量。在这两个例子中，利用已有的个人社会纽带进行合作是最有效的，并且社会纽带越活跃，合作程度也越高。在“红气球挑战赛”中，沿着最活跃的社会纽带发送的雇用参与者邀请的有效程度是平均值的两倍多。在 FunFit 实验中，社会纽带活跃的同伴带来的社会影响的有效性也是仅仅为“熟人”的同伴的影响的两倍多。

我认为，我们的“红气球挑战赛”激励结构中的社会纽带的投资（有时称作构建社会资本）是最重要的。对于一般的参与者而言，参与带来的期望金钱奖励几近于零——因为知道这一挑战赛并参与寻找红气球的有数百万人，报名参赛的也有几千支队伍，因此，某个参与者或者他动员来的某个人首先把一个气球的地点告知获胜队伍的概率是百万分之一，尽管如此，依旧有几千人动员他们的朋友来帮助我们寻找气球。

> 我们在“红气球挑战赛”之后的访谈显示，人们把动员朋友参加作为一种对朋友的“投资”。也就是说，“雇用”一个朋友好比分享一张免费彩票。你不一定会期待中奖，但是共享彩票能够强化你与朋友的社会纽带。通过分享增加他们与你分享或在其他场合中帮助你的可能性——你在构建信任和社会资本。

**SOCIAL PHYSICS 社会物理学洞察**

构建强关系的社会纽带有利于想法流，但是强关系的纽带也会带来社会压力。在第3章的参与实验中，人们在自己的同伴表现良好时会收到奖励。对他们之间的关系投资最多的人（也就是互动和合作最多的人），也是相互施加最大社会压力的人。换言之，我们真的不想让我们的办公室同事或妈妈不开心，这就是我们会在他们想要我们改变习惯的时候做出妥协的原因。如同第3章的实验表明的那样，**强关系的社会纽带创造条件让同伴压力成为促进合作的最有效机制。**

> 这种参与、信任以及人们合作行动的能力之间的联系或许正是罗伯特·帕特南①的经典著作《独自打保龄》所要阐述的要点，这本书强调了公民参与与社会健康之间的关系[8]。
>
> 我们是想法、商品、“资本”和信息的交易员，而不只是传统的市场思维造就的竞争者。在生活的每个领域，我们建立了一个由可靠的人际关系组成的网络，并且与其他关系相比更青睐这些关系。这种由可靠社会纽带组成的网络中的交流能够促进想法流，并形成一种具有包容性、充

**SOCIAL PHYSICS 社会物理学洞察**

① 罗伯特·帕特南是哈佛大学国际事务研究中心主任，肯尼迪政府学院公共政策马尔林讲座教授。——译者注

满活力的文化——这也是我们社会的组织智慧的来源。

在第 4 章中，我阐述了想法的流动是如何直接导致团队和公司内部的生产率和创意产出增加的。在第 8 章中，我将会指出想法的流动对整个城市而言也是如此。

**SOCIAL PHYSICS 社会物理学洞察**

以这种方式了解自我对我们社会的特点有很大影响。想法的流动促进了文化的产生、提高生产率并且增进创意，因此我们应该更加重视促进想法流的职业：教师、护士、牧师、警察、为慈善机构和市中心医院工作的医生以及为公众辩护的律师等。为那些能够强化我们社会结构的工作提供更好的报酬，可以让我们在个人志向和社会健康之间找到更好、可持续的平衡。

在前两章中，我们看到了想法流是如何影响工作团队和组织的组织智慧，以及如何使用可视化以改进想法流的。在本章中，我们讨论了如何使用社会网络激励建立组织并帮助组织走过变化期。本书的下一部分将会展示如何把这些相同的社会物理学概念用于城市。目标是让大家想象一个数据驱动的城市将会是什么样子，以及我们如何使用大数据和社会物理学创造更有效率和创意的城市。在本书的最后一部分，我将会讨论我们需要对隐私、管理和政府作出哪些改变以创造一个更为光明和安全的未来。

SOCIAL PHYSICS
**相关链接**

## 社会信号

我在自己关于人际交流的作品《诚实信号》（*Honest Signals*）中指出，**与内容无关的互动模式可以准确衡量想法流和决策**[9]。正如《自然》报道的那样，**这是由于互动模式（谁打断谁、人们交谈的对象与频率等）是支配、想法流、同意和参与等行为的社会信号**[10]。

因此，通常我们可以完全忽略讨论的内容，仅使用可见的社会信号来预测协商或推销的结果、团队决策的质量以及人们在团队中承担的角色。

这些社会信号是如何与现代人类的语言相互作用的呢？进化很少遗弃成功的部分，它通常或者在保持已有能力的同时建造附加结构，或者把已有的结构纳为新系统的组成部分。当我们的语言能力开始进化时，已有的信号机制也并入了新的设计中。因此，我们祖先的社会信号仍然塑造了我们现代的对话模式。

在关于小团队求解问题的几项研究中，我们为每个研究对象配备了衡量他们的社会信号和互动模式的设备。我们发现心理学家在区分不同的社会角色（例如，主角、支持者、攻击者或中立者等）时，使用的是不同的社会信号，并因而具有不同的说话长度模式、打断他人模式和说话频率模式[11]。

信息内容也是如此：某个贡献了新想法的人的说话模式，与某个把团队引回到以前想法的人的说话模式，或者某个中立者的说话模式，都是各不相同的。因此，我们无须听人们具体说了什么，只基于不同人的互动模式就可以区分他们的功能角色——跟随者、定向者、给予者、搜索者，等等。

与此类似，正如社会信号决定了猿类部落的支配网络一样，现代人类的对话模式也决定了人们在社会网络中的位置。特别是我们可以从谁控制对话（即谁发起对话、谁打断谁等）的模式中弄明白社会结构[12]。

例如，在衡量我们实验室的 23 位成员在两周时间内的对话模式时，我们发现某个人对于对话模式的影响几乎完全可以预测这个人在社会网络中的地位[13]。这些实验以及其他一些实验有力地表明，对于对话模式的影响可以准确衡量个体对于他所处的社会网络的影响。

我们对其中许多社会信号都很熟悉，但对其他一些信号却难以有意识地察觉。一个为人熟知的例子就是情绪感染[14]。如果团队中的某个成员是兴奋的，那么其他人也往往会变得更积极和兴奋。而且，这种信号诱导对情绪的影响可以降低团队内部的风险感知程度并提升团队的黏性。

人们倾向于自动和无意识地相互模仿[15]。尽管大都是无意识的，这种模仿行为仍对参与者具有重要影响：它提升了人们达到共鸣和相互信任的程度。无论是哪一方率先模仿另一方的姿势，具有大量模仿的协商往往更成功。我们对此应该不会感到惊讶——每一个这样的信号都有神经系统的生物学基础。模仿被认为与皮质镜像神经元相关，这类神经元作为分布式大脑结构的组成部分似乎是灵长类动物独有的，并且在人类中更为突出。例如，镜像神经元对其他人的行为作出响应并且提供了人们之间的直接反馈通道。其结果之一就是人类与生俱来的模仿父母面部表情的惊人能力——尽管通常还缺乏协调性。

我们的活动水平与我们的自主神经系统这种特别老的神经结构的状态相关。当我们需要更为剧烈的响应（例如在遭遇危险时搏斗或逃跑的情形）时，这一系统就会提升我们的活动水平。而当我们的自主神经系统减弱（例如患上忧郁症）时，我们往往会萎靡不振、反应迟钝。自主神经系统功能和活动水平之间的强相关性使得它可以用于准确估计抑郁症的严重程度。

这些信号模式如此清晰，以至于它们现在已经可以被商业应用于筛查诸如抑郁症之类的精神疾病、监测病人在治疗期间的交互等方面。更多细节可见我参与创建的一个 MIT 科技公司的主页：http://cogitocorp.com。

SOCIAL PHYSICS

HOW GOOD IDEAS SPREAD—THE LESSONS FROM A NEW SCIENCE

| 第三部分 |

# 数据驱动的智慧城市

SOCIAL PHYSICS

HOW GOOD IDEAS SPREAD — THE LESSONS FROM A NEW SCIENCE

第 7 章

# 感知城市

## 移动感知如何创造城市神经系统

- 人口是由不同的子群（有时也称为部落）组成的。每个部落的成员选择去相同的地方、吃相似的食物、欣赏相同的娱乐活动。这些选择使他们处于同一个行为人群中，因为部落成员的行为有选择性地反映了他们的偏好。而且，由于一个部落中的人们花时间在一起，这就带动了社会学习过程，并推动了该部落行为规范的建立。

- 在城市规模上，可以访问的不同区域的数量大体确定了人们探索的步伐，并进而确定了创新和生产率增长的步伐。设计一个具有快速、通畅的交通的城市以同时促进乡镇区域和中心商务与文化区域的发展，这也许是改善贫困地区状况和提升整体生产率最简单、最便宜的方式。

- 营造社会规范的社会物理学方法依赖于社会网络的影响。从社会物理学的观点看，存在3类自然的干预方法：社会动员、校正社会网络和提升社会参与。

维持一个健康、安全和有效的社会是一项巨大的科学和工程挑战。这可以追溯到19世纪，工业革命推动了城市规模的快速增长并由此引发了巨大的社会和环境问题。当时的对策是建造中心化的网络来运输清洁的水和安全的食品、促进贸易、清除垃圾、提供能源、便利交通以及提供中心化的医疗保健、安保和教育服务。

但是，这些有着上百年历史的解决方案已经越来越过时了。我们看到的是交通拥堵的城市，似乎无法遏止的全球性爆发的传染病，以及陷入僵局并难有作为的政治组织。此外，我们还面临着全球变暖，不确定的能源、水和食品供给以及人口不断增加的挑战。只为了解决居住问题就需要建造上千座能容纳上百万人的新城市。

但是，并不一定要这样。我们的城市可以更有效地利用能源，供应安全的食品和水。然而，为了实现这些目标，我们需要从根本上重新思考我们的方法。**我们需要由市民的需求和偏好驱动的网络化、自调节的系统，而不只是关注获取和分配的系统。**

为了确保拥有可持续发展的未来城市，我们需要使用新技术来创造一个“神经系统”，以维持全球政府、能源供给和公共卫生系统的稳定性。现有的数字反馈技术已经能够实现更大、更复杂的现代社会所需要的动态响应水平。我们需要使用这些技术在一个控制框架内重新设计社会系统：首先，这个框架能感知情况；其次，把这些观察与需求和动态反应模型相结合；最后，使用得到的预测结果来校正系统以符合设计需求[1]。

**SOCIAL PHYSICS 社会物理学洞察**

当下，城市数据最重要的产生器是一个我们熟悉的工具：无处不在的移动设备。这些设备事实上是个人感知设备，并且随着产品的推陈出新会变得功能更强大和更精致。除了得到用户位置和通话模式的信息，我们还可以绘制社会网络，甚至通过分析已经非常普遍的数字化聊天来衡量人们的情绪。消费者也开始只需用手机扫描条码就完成购物，从而在由手机流量描绘的数字档案中增加了金融和产品选择的信息。而且，随着智能手机不断升级为具有更大计算能力的个人信息集成器，它们将会反映更多关于人类行为的信息。

无线设备和网络一起组成了这一进化中的数字神经系统的“眼睛”和“耳朵”。而且，随着计算和交互技术的快速发展以及基本经济力量的推动，这一进化过程也会持续加快。网络会变得更快，设备会带有更多的传感器，模拟人类行为的技术将变得更精细。

设计数字神经系统所需要的许多感知和控制单元已经存在了。我们现在缺少的是两个关键的东西：第一个是社会物理学，一组使系统正确运行的需求和反应动力学模型；第二个是“数据新政”，一种保障隐私、稳定性和有效政府运作的架构。我会在本章和接下来的几章中讨论数字神经系统的社会物理学方面，在最后几章讨论隐私、稳定性和有效性。

## 运用大数据统计人类行为特征

现代商业经营和政府服务都要以人口统计数据为指导。哪些区域是住宅区？哪些是工业区？有多少人在那里工作或生活？这些人的富裕程度如何？遗憾的是，目前收集这些数据的成本还很高。例如，美国国家统计局每隔10年才做一次人口普查，采集到的数据很快就过时了。全球很多地方甚至根本就不存在这样的人口统计数据。移动电话的普及使得超越人口统计直接测量人类行为成为可能。利用这些从人们留下的数字痕迹中收集的数据，我们可以更容易地回答如下这类问题：人们在哪里吃饭、工作或娱乐？他们去哪里旅行？他们与哪些人互动？

图7-1显示的是美国旧金山居民的活动模式，它基于的是由旧金山探索科学博物馆（San Francisco's Exploratorium）收集的来自移动手机的GPS数据。根据餐馆、娱乐场所、维修店、商场等地点中常见的活动类型（例如购物、做家务和游览），在图7-1中对模式做了灰度编码。这些活动具有可以预测数天或数周的节律。这些数据是由一家名为"感官网络"（Sense Networks）的MIT科技公司创建的，我也是这家公司的创始人之一。这些数据使我们可以实时分析上千万人的移动和购买行为[2]。

图7-1没有显示的一点是，人口是由不同的子群（有时也称为部落）组成的。每个部落的成员选择去相同的地方、吃相似的食物、参加相同的娱乐活动。这些选择使他们处于同一个行为人群中，因为部落成员的行为有选择性地反映了他们的偏好。而且，由于一个部落中的人们花时间在一起，这就带动了社会学习过程并推动该部落行为规范的建立。这些也许都与部落成员有意识的偏好无关，而且他们可能根本就没有意识到这一点。不管怎样，同一个行为人群中的人具有相似的饮食习惯、相似的衣着、相似的金融习惯和相似的对待权威的态度，等等，并因此也具有相似的健康状态和相似的职业路径。

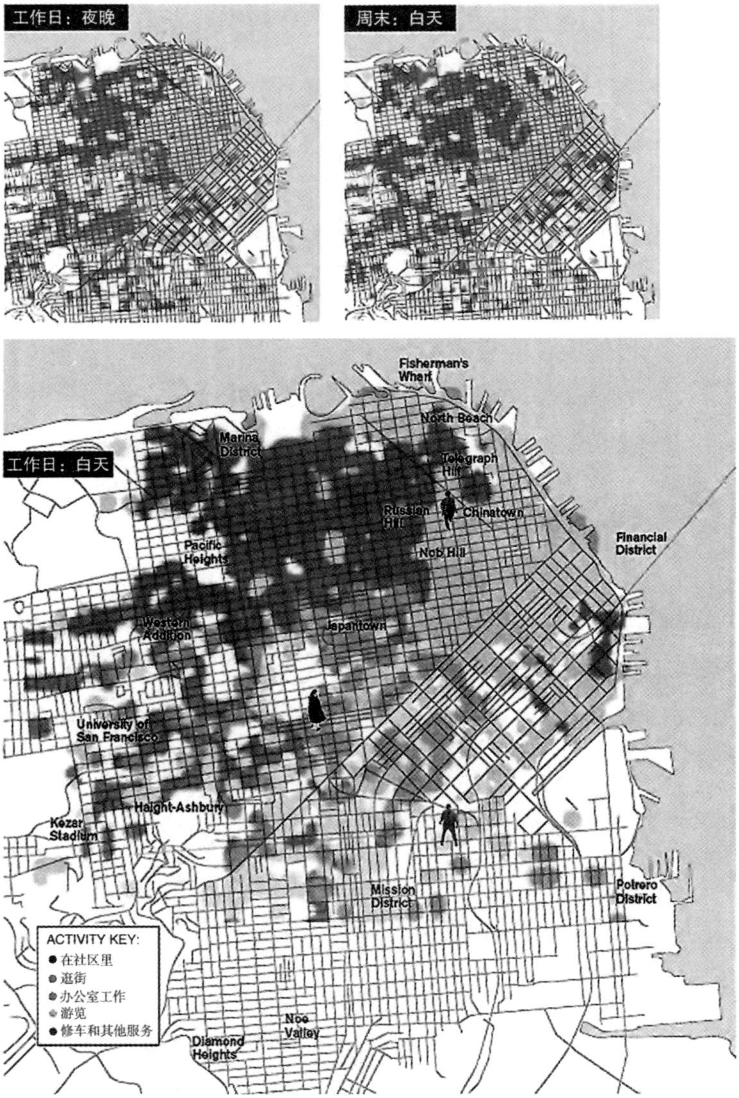


从移动手机的 GPS 数据中做出的现实挖掘。一个城市中的人类活动模式，并根据常见的活动模式做了灰度编码。活动模式反映了以可预测的方式变化的清晰的节律。

**图 7-1　旧金山居民活动模式图**

**从我的经验看，这些行为人群可以提供的典型预测包括消费者偏好、金融风险和政治观点等，其准确性要比基于邮政编码的标准地理人群的预测高4倍以上。**我们也可以准确预测人们患糖尿病和酗酒等行为类疾病的风险。正如第2章中讨论的“朋友和家庭”以及“社会演化”实验所阐明的那样，城市中的社会学习过程和社会规范的建立是由观察同伴行为驱动的，也就是说，是因为人们有意愿要适应他们自身所选择的同伴群。

除了知道人们的偏好，我们还能更好地理解人们日常行为习惯的规律。大部分人在时间安排上都有很多的约束因素，包括工作时间、睡觉时间和娱乐时间。与此同时，喝咖啡休息的时间以及朋友聚会的时间具有每天或者每周相对固定的模式。但是，我们生活的整体模式是什么？正如图7-1中所显示的那样，人们来来往往的时间戳设置了城市的节奏，并确定了交通、能源、娱乐和饮食的峰值需求[3]。

对大部分人而言，第一重要的模式是工作日，即上班和回家，通常是日复一日地沿着相同的路径。第二重要的模式是周末和休息日，通常的特征行为包括睡懒觉，在一个家庭和工作场所之外的地方过夜。也许让人吃惊的是，我们在休息时间去的地方和做的事情几乎和我们的工作模式一样固定。然而，第三重要的模式就是一个未知数了：人们用于探索的时光，通常是购物或郊游。第三重要的模式的特征就是缺乏结构。这三个模式之和通常决定了人们行为的90%甚至更多。

**SOCIAL PHYSICS 社会物理学洞察**

通过把这些习惯与前面讨论的行为人群及时结合，我们可以创造出一个管理更为井井有条的社会。了解了一个城市典型的行为模式之后，我们就可以更好地规划城市交通、社会服务和经济增长。特别是关于人类行为的连续的数据流让我们可以准确地预报交通流量、电力使用情况，甚至街道犯罪和流感传播。正如我们在后面几节要看到的那样，这些数据驱动的预报可以让我们提前为峰值需求做好准备，从而实现更好的管理。这也意味着我们能够对突发事件或灾难有更好的应急响应，因为我们知道谁有可能以及何时在哪里可能。如果我们能够知道具有糖尿病风险的人在何时何地用餐，或者知道那些不会理财的人在哪里，就有可能极大地改善公共卫生和教育服务。

**SOCIAL PHYSICS 社会物理学洞察**

在后续几节中，我将主要通过交通和卫生领域的例子来描绘这一新的神经系统会如何改变我们的生活。我也会介绍其他一些例子，包括变革政府、创造学习环境和提升文化创意等。

## 利用交通数据规划城市

为人熟知的利用人们留下的数字痕迹的例子就是，使用从司机的手机采集的 GPS 数据来提供分钟级的交通流量更新。这样，我们就可以更准确地监测交通拥堵模式和估计驾驶时间。事实上，这一采集方法的简单版本已经植入了全球的汽车导航系统。如果把这些数据与每个驾驶员的日程安排信息融合，生成个人交通时间安排表以避免交通混乱，我们就可以想象这会对当今的系统带来多么大的改善。通过把货运和上下班交通安排在不同的时间和路径，也可以生成类似的商业交通时间安排表，进而提高流通网络的效率。

然而，这类应用仅仅是个开端。从像通用的安吉星（GM's OnStar）这种汽车自身的移动电话系统的数据中，我们可以很好地预测一个人何时容易出事故。如果你正在行驶的路上有其他汽车刚刚发生故障并紧急刹车，那么你就处于出事故的高风险状态。如果你比其他司机开得快，那么你就真的很危险了。我们可以使用基于这类大数据的警告来显著降低事故发生率[4]。

通过把习惯和偏好信息与天气等信息相结合，我们还可以显著改善使城市保持活力的各种流动的状况，包括卡车、火车和管道货物运输。预估城市的节奏有助于企业为需求的高峰和低谷提前做好准备，并使流通网络更简化和高效。以城市公交系统为例，除非是在高峰时段，通常其燃油效率是很低的，大概是每人每 2.5 升一千米。然而，我们不得不一直让这么多公交车在大街上开来开去，因为偶尔会出现意想不到的大客流。城市规划水平也可以得到提高，因为知道市民何时可能会去何地，我们就可以更好地规划城市规模的扩大以尽量减少交通和能源的使用，并同时提高便利性[5]。

也许最有趣的想法是使用交通网络来提高城市的生产率和创意产出：我们可以使用关于人们习惯的数据来设计公共交通网络以促进对城市更多的探索。人们很早就注意到，地理上孤立的区域会有较为糟糕的社会问题[6]。第 1 章介绍过与之相关联的概念，即群体之间的探索可以改进生产率和创意产出。研究表明，在城市规模上，可以方便抵达的不同区域的数量大体确定了人们探索的步伐，并进而确定了创新和生产率增长的步伐。设计一个具有快速、通畅交通的城市以同时促进乡镇区域和中心商务与文化区域的发展，这也许是改善贫困地区状况和提升整体生产率的最简单、最经济的方式。我会在下一章对此进行进一步的讨论。

**SOCIAL PHYSICS 社会物理学洞察**

## 疾病预测与公共健康

在公共卫生领域，为大家熟知的一个使用大数据设计更好城市的例子就是谷歌流感（Google Flu），它通过统计每个国家或者地区的人们在互联网上搜索“流感”这个词语的次数来预测流感的爆发。如果这些在线搜索量出现快速增长，就意味着流感人群的数量很有可能在增加。这类方法有助于疾病控制中心检测新的流感类型，预测所需要的药品数量，帮助医院、城市和企业预估可能的患者人数，等等。

这只是数字神经系统有助于公共卫生改进的冰山一角。在此之前，医生没有办法定量衡量一个人生病时的行为变化。因此，大部分关于传染病传播的研究通常都假设在感染期间的移动和互动模式变化很小，即患者仍然极有可能继续他们的日常行为模式[7]。

但是，移动手机数据表明情况并非如此——人们在生病时会改变自己的行为。我和安摩尔·马登、董文的研究发现，当人们生病时，他们的行为会发生有规则、可预测的变化，而且我们可以用移动电话中的传感器来衡量这些行为变化。

基于有记录的咽喉痛和咳嗽症状的分析我们发现，出现这些症状的人其正常社交模式会被打乱，他们开始与更多不同的人群互动（这对病毒是好事，对人却是坏事）。对于普通感冒，他们总的互动以及夜间互动的时间增加了：人们似乎倾向于在下班后再找他们的朋友[8]。

在疾病周期的后段，当出现发烧和其他流感症状时，人们的移动会少得多（这对其他人是好事）。那些感觉到压力、悲伤、孤独或沮丧的人在出现这些症状期间会变得孤立。所有这些都表明了移动电话在几乎实时的监测健康状态方面有巨大潜力。

SOCIAL PHYSICS 大数据的力量

### 实时疾病传播跟踪

与行为变化有关联的问题包括呼吸道症状、发热、流感、压力和抑郁等，这对每个人都是相似的。但是，每个问题都与其他问题不一样，因此，事实上，我们有可能只依据人们的行为就对他们的总体健康状态加以分类。例如，手机上的某个应用可以悄无声息地寻找行为上没有明显特征的变化，并进而推算是否在发生某种病变。这种主动的医疗保健对于病人报告率很低的情况（如下降的精神状况或与年龄相关的问题）是非常重要的。这就是我和我的学生安摩尔·马登基于他的博士论文研究创立科技公司 Ginger.io 的初衷[9]。

> 再进一步，通过众包形式获得某个人群的行为信息，再把这一信息与人们在前些日子去过的地点和时间信息结合，就可推算出整个地区的感染风险（见图 7-2）[10]。这个图显示了某天某个时段，哪个地方的人最有可能或者最没有可能被感染。
>
> 拥有了在个体层面跟踪诸如流感之类疾病的能力就能切实预防瘟疫，因为在那些患病的人传播疾病之前，我们就能找到他们。
>
> 实时流感跟踪的可行途径就是把两个来源的信息相结合：一个是个体行为模式变化的数据，因为我们可以衡量人们要生病时行为模式可预测的变化；另一个是位置数据，因为物理上的互动是空气传播类疾病扩散的主要方式。

特别是我们可以使用人们在生病时行为会如何变化的知识，通过移动电话中的传感器衡量行为变化程度来估计每个个体要生病的可能性。董文的研究表明，通过对传播过程的数学建模把这些个体可能性结合在一起，我们就可以生成像图 7-2 那样的地图，从而使我们绕过那些流感最有可能爆发的地方[11]。

对于在个体层面实时跟踪疾病的需求正变得愈发迫切。我们的世界正经由人和物品的流动而变得更为互联，爆发全球性瘟疫的可能性也随之增加。

近年来，重症急性呼吸道综合征（SARS）和其他严重感染疾病的爆发都能够在地理层面相隔很远但社会层面却连在一起的地区之间快速传播。因此，不管是 SARS、H1N1，还是其他传染病，瘟疫的危险都已显著增加。

在单个人和分钟量级上观察传染病传播的能力使我们可以采取切实有效的预防措施。事实上，一些传染病专家认为，这是我们避免注定要来的瘟疫可能带来的巨大死亡威胁仅有的希望之一[12]。

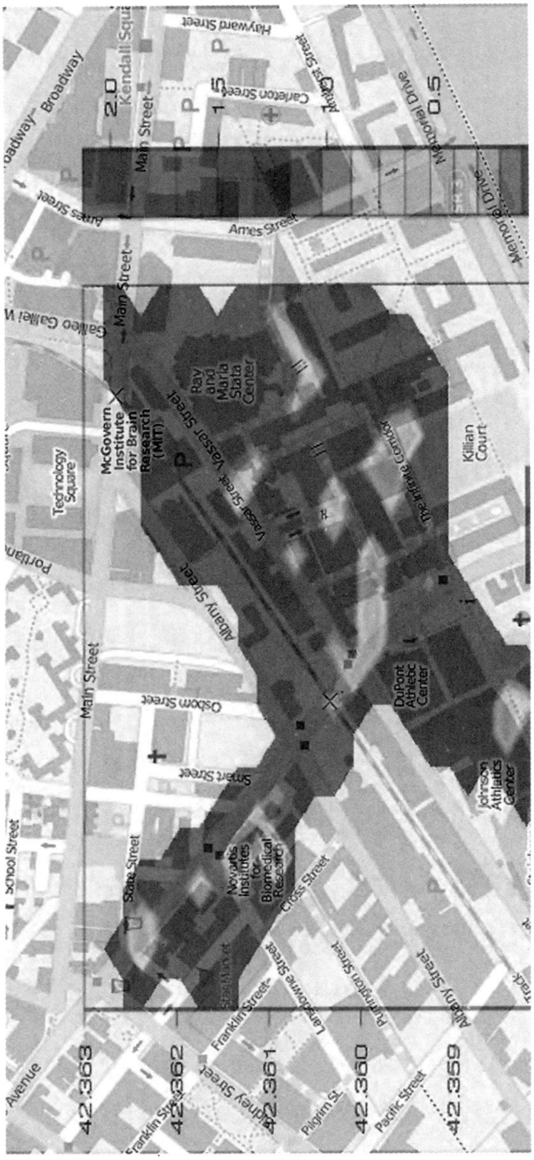


深色区域表示我们拥有数据的区域；深色区域中的较浅颜色区域代表最有可能感染流感的区域。

图 7-2　每一地点的人群互动以及感染流感风险图

## 社会网络的三大干预措施

然而，在我们对数据驱动城市的愿景中存在一个持续的挑战：我们如何建造出人们确实会使用的系统？除非系统与人类本性是相容的，否则人们要么忽视它，要么错误地使用它。要建造一个数据驱动、以人为本的城市，就需要把社会物理学的经验融入方方面面。

目前的城市系统设计通常依赖金融激励：比如市中心的道路通行费和通行税都要比郊区高。遗憾的是，这一方法很少奏效，特别是在公地悲剧情形中。

而且，使用金融激励事实上是给富人特权。比如，考虑把征收拥堵费作为管理交通的一种方法，通过对在某些地方行驶的人征收更高的费用，我们就允许富人去他们想去的任何地方，而把穷人拒之门外。这一点是特别令人担忧的，因为创新源自探索，如果降低了穷人可以实现探索的数量，也就降低了穷人社区的发展和社会改良的能力。

与之相反，营造社会规范的社会物理学方法则依赖于社会网络的影响。从社会物理学的观点看，存在3类自然的干预方法：社会动员、校正社会网络和提升社会参与。

**第一，社会动员：**正如“红气球挑战赛”的实验那样，社会动员对于搜寻失踪孩童或者逃亡罪犯，以及在地震或飓风等灾难过后找到关键供给等任务都是至为重要的。比如，我们的方案使用的社会网络激励让我们可以在很短时间内雇用到很多人来解答同一个问题。

我觉得这类激励的主要用途是创造新组织，而不是解决短期危机。我们看到了这类激励的一些实际应用，例如在政治竞选中吸引草根阶层的参与、初创企业招聘新员工等。

**第二，校正社会网络：**第二类干预涉及提供充分的、想法多样性的校正网络。在第 1 章中我们已经说明，如果人们能够看到很多人不同的决策及其结果，就可以做出好得多的决策。这种群体智慧现象的一个例外是，如果社会网络过于稠密而形成一种回音室效应，那么相同的想法就会一再循环。

为了同时解决多样性不足和回音室效应的问题，我们可以通过给个体小的激励或推动来校正人们之间想法的流动。这样就能使那些孤立的人群与其他人有更多的接触，使那些具有过多连接的人群减少接触并跳出现有圈子进行探索。

我们现在已经开始把这一校正想法用于其他社会网络。例如，有些公司会采用建议网络从员工那里收集群体智慧。公司的目标是能更好地运行，员工要记录他们如何尝试解决问题以及结果如何，而不是那些在网站上看到的产品评论。有些公司还会对提出建议给予经济激励：如果一个员工提出了一个特别有用的想法，就会给这个分享想法的员工一定的报酬。

然而，除了提供反馈，想法、响应和进一步建议之间的链接模式准确刻画了想法传播的网络。这将有助于想法流的衡量，使我们可以衡量想法和响应的模式并判断是否正在发生有效的社会学习。这样一来，我们就可以告诉人们，他们考察的那组想法何时足够多样化，从而帮助他们做出可靠的好决定。

我们也可以对新闻博客和类似的自媒体给出多样性排名，从而使任何一个兴趣组的声音都不会淹没其他声音。这种校正干预对于应对新的超连接的世界中的一些病态现象是非常重要的。今天，时尚和恐慌似乎不停地在社会中产生连锁效应，导致过度反应和压力，使我们难以专注于更慢、更有耐心地建造一个更好的世界。也许通过校正新闻网络来减少谣言和杜撰的再循环，我们可以更好地专注于产生实质性的进步。

**第三，提升社会参与：**这是第三种网络干预，它是通过社会网络激励来增加围绕本地社区内的问题的参与，从而有助于处理公地悲剧问题。我们在第4章中看到，对改进他人行为给予奖励可以产生有利于合作的社会压力，相比于对人们改变自身行为进行奖励，这种社会压力能够可靠地引发更大的行为变化。

相同的想法可以用于更大规模的人群。我们在第3章中也看到了2010年Facebook上的一个“出去投票”活动是如何以6 100万人为对象的。这一活动的直接效应并不是非常大，但是，通过让人们与其朋友分享“我已投票”的信息，在现实社会网络中产生了社会压力，从而大幅增加了参与投票的人数。第3章的另一个例子是我的研究小组和我在苏黎世联邦理工学院的同事在电力公司的主页上建立了一个社会网络并鼓励人们形成局部的密友群。这一网络使用的是社会激励而不是标准的经济激励：一旦你节约了能源，奖励积分就会被发放给你的密友。这样产生的社会压力使得用电量下降了近17个百分点，改进的效果是早前节能竞赛活动的两倍[13]。

## 从数字神经系统到数据驱动的社会

今天，我们有了一个由传感器和通信设施组成的数字神经系统，即将把我们的城市转变为一个数据驱动的、动态的、反应灵敏的组织[14]。卫生保健、交通、能源和安全等方面都有可能实现大的飞跃[15]。在第10章介绍的“数据促进发展”项目中我们将会看到，即使利用低分辨率、匿名、集成的数据，研究人员也能较为容易地使交通改善超过10%，卫生改善超过20%，并对减少种族暴力起到很大作用。实现这些目标的主要障碍是隐私保护，而且我们还没有在个人和社会价值的折中方面形成任何共识。

我们不能忽略这样一个神经系统所能提供的公共品。数以亿计的人可能死于下一次流感大爆发，而我们现在似乎已经具有了遏制这些灾难的手段。我们不仅能极大地减少城市中的能源消耗，而且正如在下一章中将会看到的那样，我们甚至能够塑造城市和社区以减少犯罪，同时极大地提升生产率和创意产出。如你也许期望的那样，关键是要使用社会物理学塑造想法流。

SOCIAL PHYSICS

HOW GOOD IDEAS SPREAD—THE LESSONS FROM A NEW SCIENCE

第 8 章

# 城市科学

## 大数据与社会物理学如何变革城市的发展

- 城市中社会纽带的模式可以通过如下概念来描述：两个人之间产生关系的可能性是由“中介机会”的数量决定的。其核心思想很简单：如果你在一个人群中有许多潜在的朋友，那么你与该人群中某个陌生人建立友谊的可能性就比较小。

- 共享体验模式与社会纽带模式服从相同的一般规则。对社会网络中的每个人而言都是全新体验的最大的可能性，发生在人们最不常去的地方。去远处探索新想法是最有成效的，日常生活的普通体验则通过在本地社区的参与被升华为社会规范。

托马斯·杰斐逊（Thomas Jefferson）①对18世纪的城市有一个著名的描述："人性堕落的大阴沟。"但是，自杰斐逊时代以来，世界上的城市已经成百倍地增长，而且这种增长并无减弱的趋势。现在，居住在城市中的人口比例是有史以来最高的[1]。既然城市有高昂的生活费用和比生活费用更高的犯罪率、污染程度以及传染病威胁，人们为什么还会持续不断地迁往城市[2]？也许正如亚当·斯密所言："城市中心既特别堕落又特别创新[3]。"

尽管有关城市的研究已经持续了一个多世纪，我们对于为什么城市能促进创新依然缺乏一个有说服力的模型。城市确实有创新：相比于农村地区，城市更为有效地使用资源，产生更多的专利和发明，人均使用道路和服务更少[4]。是否可以让更多人居住在一起以获得更有效的想法创新和更高的生产率？一些学者指出了技术扩散在创造智力资本中的作用[5]，另一些人则阐述了层次化社会结构和专业化的作用[6]。

① 托马斯·杰斐逊（1743—1826）为美国第三任总统（1801—1809年）。——译者注

## 专注于想法流而不是商品流

正如前面章节讨论的那样，社会网络互动和想法流是团队和企业里创意产出和生产率的主要推动力。这些社会物理学的概念在社会科学中几乎是仅有的可扩展的概念，并且正如本章要介绍的那样，这些概念完全可以超越小的团队和企业，扩展到城市层面，并通过这些大得多的社会网络促成更高的生产率和更大的创造力。城市和公司一样都是想法机器。

我和潘巍、格拉·戈沙尔（Gourab Ghoshal）、科科·克鲁姆（Coco Krumme）以及曼纽尔·塞布里安（Manuel Cebrian）等学生和同事一起建立了一个数学模型，它基于在面对面距离内的人数来阐述社会纽带如何推动城市里的想法流。正如我们在《自然通讯》（*Nature Communications*）的一篇文章中描述的那样，这是一个定量预测 GDP 和创意产出的简单、自下而上、鲁棒的模型[7]。我们也已经能够说明，沿着社会纽带的想法流可以准确再现城市特征，包括艾滋病毒感染率、电话通信模式、犯罪率和专利权率，等等。它也为我们提供了设计更具创意和效率的城市，尽可能减少犯罪和其他负面因素的研究成果。

值得注意的是，这种从社会物理学的角度看待城市的方法是与传统的阶层和专业化模型不同的。前者专注的是想法流，而不是后者描述的社会的静态分割。这样看来，社会物理学类似于用工厂之间的距离和运输物品的成本等来解释城市制造业有效性的模型[8]。而它们的不同之处在于：社会物理学把城市和公司定位为想法工厂，因此专注于想法的流动而不是物品的流动。

从这个观点看，社会物理学与社会学、地理学和探讨人口密度与创新之间关系的经济学，以及沿着社会纽带进行的传播和创造力研究是一脉相承的[9]。社会物理学新的重要贡献在于把这些想法集成到单一数学模型中，并可用稠密、

**SOCIAL PHYSICS 社会物理学洞察**

连续的行为数据以及能够获得的经济和社会结果数据来进行检验。社会纽带和想法流在人类互动模式、移动模式和城市经济特征之间提供了简单的生成链接，无需借助层次化、专业化或类似的社会结构概念。正如本章后续部分要阐述的那样，真正重要的是想法的流动，而不是阶层或市场。

**SOCIAL PHYSICS 社会物理学洞察**

## 城市中的社会纽带模式

城市中社会纽带的模式可以通过如下概念描述：**两个人之间产生关系的可能性是由“中介机会”（intervening opportunities）的数量决定的。**其核心思想很简单：如果你在某群人中有许多“可能认识的人”，那么你与其中某个陌生人建立友谊的可能性就比较小。大卫·利本诺尔（David Libe-Nowell）及其同事研究了一个日记网站的成员并绘制了他们与朋友和熟人居住距离的信息[10]。他们发现，对于大多数朋友而言，两个人形成社会纽带的可能性与在这两人之间的地点上逗留的人数成反比[11]。

在一个基于位置的社会网络应用Gowalla中发现了类似的关系，Gowalla记录个人及其朋友“签到”的地点。研究人员使用这些数据可以知道朋友之间居住距离的远近，以及朋友们去同一个地点的频率[12]。这一研究得到了一个简单的数学方程，它描述了人们往往会和住在附近的人有较多的社会纽带，并且随着距离的增加，纽带的数量也越来越少[13]。

然而，这一关于社会纽带的数学关系还有其他更为有趣的应用。例如，艾滋病[14]这类疾病的传播显然依赖社会纽带的分布，打电话模式[15]也是如此（当然依赖方式非常不同）。打电话模式作为区县人口的函数和艾滋病的感染率作为每平方英里人口密度的函数，这是两种非常不同的现象。然而，两者都可以用通过分析网站与社会网络所测量的距离与社会纽带数量之间相同的数学关系来预测。

图 8-1 说明我们的模型准确描述了这两种社会模式是如何随着人口密度的增加而变化的。这两幅图表明，关于社会纽带和距离之间关系的相同的简单数学模型，对于面对面、电话、网页以及社会网络互动都给出了一致的预测。一个定量的预测模型居然适用于如此多的现象和如此广的尺度，这在科学中是很少见的，在社会科学中更是几乎没有听说过。

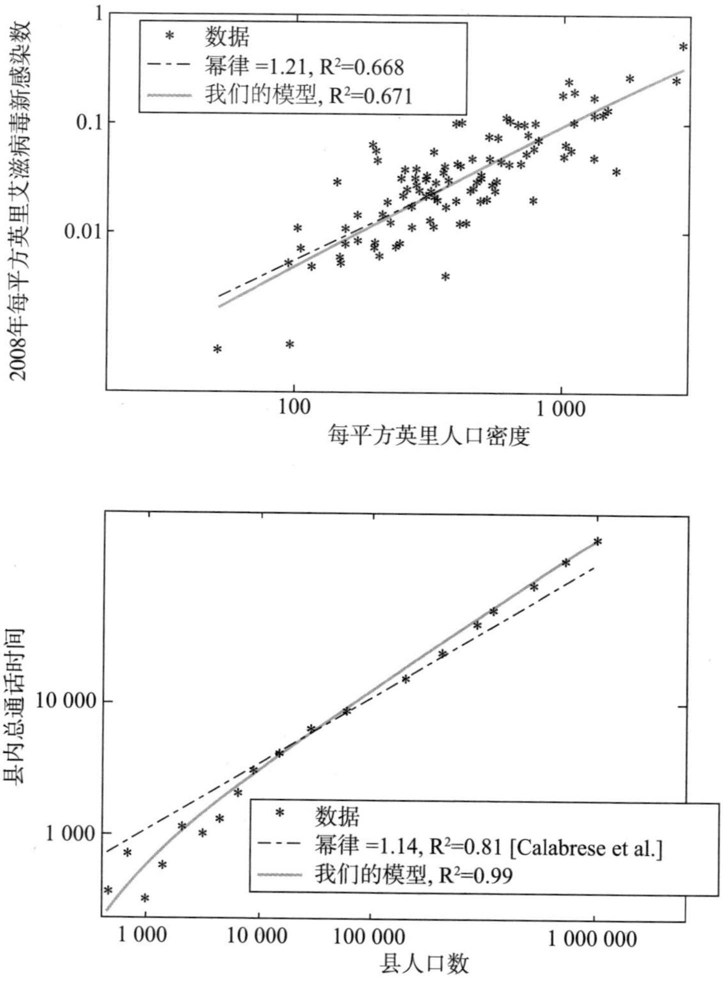


**图 8-1　社会纽带密度对电话通信模式和艾滋病毒感染率的预测**

城市中所有的社会纽带模式都能在更小规模的团队结构中找到对应。正如在我们关于公司的研究（第 4 章和第 5 章）中所看到的那样，**亲密的社会纽带对参与有支持作用，因为这些人更有可能互相交谈，从而进一步把想法转变为行动。远距离的社会纽带则起着探索的作用，因为我们在新环境中遇见“新人”，并从他们那里收获新想法。**

然而在公司里，在工作团队和“其他人”之间通常有着明确的边界。工作之外，在我们与其他人互动的整个模式中，探索和参与之间通常并没有明确的边界。也就是说，当我们考察所有的互动时，可以看到人们具有多个社会角色（例如母亲、同事、公民、爵士乐爱好者等），并且每个角色涉及不同的人群，因此，在个人社会网络中，参与和探索的功能是结合在一起的。

## 探索越多，城市越富足

前面的章节介绍了我的研究小组利用从手机、社会网络和社会计量标牌等大数据源采集的数据所做的研究。观察人类行为的另一个大数据透镜是信用卡数据。

SOCIAL PHYSICS 大数据的力量

### 信用卡使用统计反映购物模式

我们与美国一个大的金融机构达成协议，在我的博士生科科·克鲁姆从事博士论文研究期间，我们可以分析全美国近一半上班族的信用卡使用统计（不用担心，我们看不到信用记录本身）[16]。

图 8-2 是一个典型的购物模式，圆圈的大小表示去这个地方的频率。箭头表示在不同地方之间转移的频率。访问频率随着距离的增加而平滑下降。你常去的商店、餐馆和娱乐场所也很有可能是你朋友去的地方，因此不太可能为你或你的社会网络贡献新想法。对你的社会网络带来全新体验的最大可能来自你最少去的地方。

图 8-2 显示的也是一个典型的成年人一个月的购物模式。圆圈越大表示

这个地方去的次数越多。箭头反映的是平均而言，这个人在一个月内从一个地方移动到另一个地方的模式。在发表于《自然》子刊《科学报道》的一篇文章中[17]，科科和我以及合作者亚历佐德罗·略伦特（Alejandro Llorente）、曼纽尔·塞布里安和埃斯特万·摩洛（Esteban Moro）的研究指出：在访问次数和访问地点之间存在一个非常规则的、如同法律一般的关系，去最常去的地方的次数远胜于去其他所有地方的次数之和，去第二常去的地方的次数远胜于去排在其后面的其他所有地方的次数之和，以此类推[18]。当然，最常去的地方离家较近，不常去的地方则离家较远。

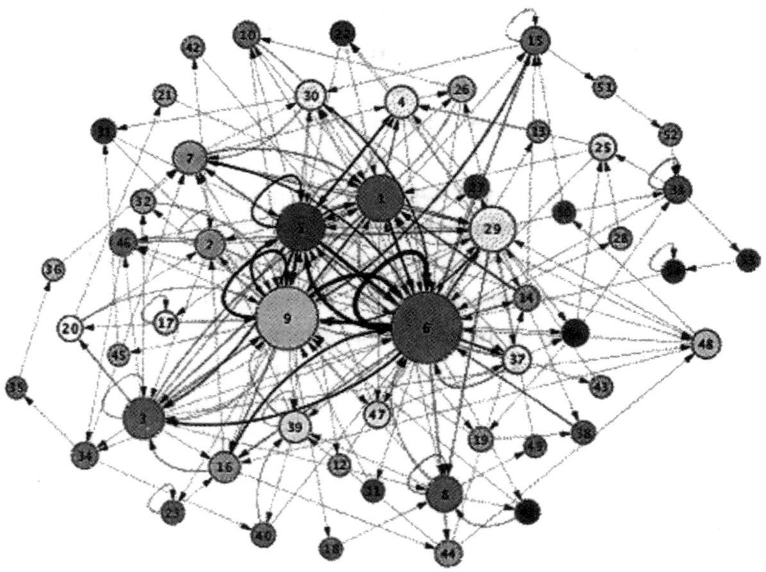

图 8-2　美国成年人购物模式图

重要的结论是，共享体验模式与社会纽带模式服从相同的一般规则。人们去得最多的商店、餐馆和娱乐场所等地方，也很有可能是他们的朋友们去的地方，因此不太可能在他们的社会网络中引入新想法。对社会网络中的每个人而言都是全新体验的最大可能性，发生在人们最不常去的地方。去远处探索新想法是最有成效的，日常生活中的普通体验则通过在本地社区的参与被升华为社会规范。

科科在分析人们的购买行为时发现了另一个有趣的结果，人们的探索模式和动物的觅食行为具有统计学上的相似性。我们当然会时常在熟悉的“本地”各种选择之间做比较以便买到最划算的东西，但是我们也会去远处探索新资源和体验。这些爆发性的购物行为与动物偶尔选择去一个新的地方猎食或者寻找新的食物源具有相同的特征。

这些爆发性的探索（购物旅行、休息日在城中闲逛、周末休假）似乎对城市局部生态的成长是重要的。如果我们看一下那些在信用卡数据上高于平均水平的探索率的城市，就可以发现这些城市在后续年份中具有更高的GDP、更多的人口以及更多样的商店和餐馆。更多的探索引发当前规范和新想法之间更多的互动，从而成为创新行为的一个推动力。

而且，随着城市的扩大，它所提供的机会的生态也如同生物生态一样变得更复杂。有趣的是，正是在那些变得更富裕的城市中，探索的地点变得更常见，在次数上也远超过城市中探索次数的平均值。看起来，探索不仅促成了更具创造性和更富裕的城市，而且这一过程是自我加强的——更多的探索会产生更大的探索机会。

标准的经济学理论认为，如果人们慢慢熟悉一个区域，找到了购物最好的地方，发现了最适合他们生活方式的购物模式，那么人们的探索就会减少。但是，事实并非如此。人们的探索是无限的，并且人们似乎从未停止过体验新商店和新服务。

我们的数据表明，人们并非简单的经济动物。他们确实会为了发现更好的交易而探索，但是人们也会基于好奇心进行探索。社会的最富裕阶层中这一倾向最为突出。对于这些富人而言，他们探索新商店和餐馆的速率与他们切换购买地点和购买物品的速率无关。他们改变购买模式的速率与大部分人相似，但是他们探索的速率要高得多。这意味着，**当人们拥有丰富的资源时，驱动探索行为的是好奇心和社会动机，而不是找到更便宜价格或更好产品的愿望。**

当我的研究小组研究由年轻家庭组成的“朋友和家庭”社区里富裕程度和社会探索模式之间的关系时，我们发现了相同的模式[19]。通过分析手机和信用卡记录数据（见深度洞察“现实挖掘”），我们发现比较富裕的人群和相对较穷的人群具有数量大体相同的面对面和打电话社交行为。然而，富人的探索行为的数量要明显高于穷人。这两个人群之间的差异似乎是这样的：如果一个家庭更有钱，他们会改变与熟人之间的联系（互动）和与生人之间的联系（探索）的平衡，以使他们互动的人群更为多样化。也就是说，他们用多余的钱来增加探索。

重要的是，曾经富裕但现在变穷的家庭也会具有较低的探索水平。因此，不仅是富人具有与穷人不同的探索习惯，家庭的习惯也会随着他们拥有的可支配收入的多少而改变。事实上，可支配收入的数量和探索的数量之间的关系是很好预测的：可支配收入每增加 1 美元，社交多样性和逛街多样性就会有小的增加。在第 10 章中我们将会看到，这一效应可用于准确地描绘地区的财富状况图，因为他们的探索模式是可支配收入的可靠信号。

**SOCIAL PHYSICS 社会物理学洞察**

人们也许会想知道“弱纽带的力量”（即更多的社会纽带带来更多的财富）是不是对的。然而，不同于这一想法，探索在短期内似乎并没有转变为更大的财富，而财富则让人们可以更多地投资于探索。这也许是因为好的经济状况让人们在探索新的社会机会时感到更自信和安全。探索的驱动力似乎是人类对社会联系和新奇事物的需求，而不是对财富的追求[20]。

具有更多探索的城市也具有更高的财富增长，这一事实表明收获新体验和遇见新人确实是有益的，城市里想法流的增加势必会对个体及其家庭有帮助——即使只是间接的帮助。

## 用想法流的广度和速率预测城市的生产率

现在，我们对城市里的探索和社会纽带网络有了更多的了解，接下来我们可以探讨如下问题：一个城市的生产率是否真的可以由想法传播的广度以及市民获得新想法的速率来预测？为了进行检验，我们需要计算城市里各种想法流的速率，并与 GDP、专利数及类似的产出指标进行比较。在附录二“数学”中，我们讨论了这一计算的细节。

当进行这一计算时，我们发现想法沿着社会网络的流动可以相当准确地解释诸如每平方英里 GDP 等统计指标（如图 8-3 所示）。相同的模型也可同样准确地解释专利数、研发投资率、犯罪率和其他城区生活特征。想法流本身就可解释城市生活的许多主要特征，而无需考虑专业化和阶层等社会结构。

**SOCIAL PHYSICS 社会物理学洞察**

想法流速率本质上与生活在同一城市的居民之间接触和互动的容易程度有关。然而，还有其他几个因素也会影响想法的流动。以具有非常高人口密度的北京为例，由于交通拥堵，北京事实上被分割成了很多的“小城市”，这些“小城市”之间具有有限的交通容量。因此，北京的想法流低于那些具有较低人口密度但有更好公共交通的城市。

由于想法流对交通有效性的依赖，想法流方程和 GDP 可用于计算平均上下班距离。美国的平均上下班距离大约为 48 千米，而在欧盟的一些大城市则大约为 28 千米[21]。令人惊奇的是，这些数字与官方统计非常接近，但我们只使用了城市社会纽带的平均结构、城市人口密度和测量的

GDP 数据就得到了这些结果。发展中国家的平均上下班距离要短得多，表明这些国家可以通过升级交通基础设施来极大地提升生产率、增加创意产出[22]。

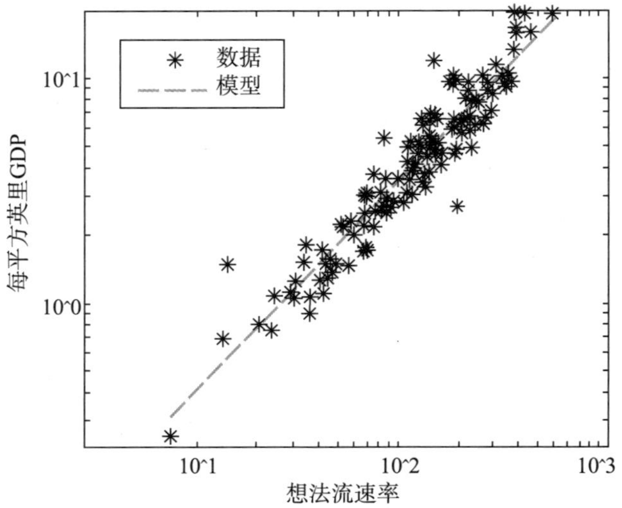


图 8-3　沿着社会纽带的想法流模型准确预测了每平方英里的 GDP

## 社会互动与社会探索共筑美好的城市

城市增长的传统理论强调市场和阶层，把工业的专业化或训练有素的工人的新分类作为城市发展的模型。与之相反，社会物理学方法则提供了一个合理的、经验性的实在模型，它并不需要那些特别的社会结构，只依赖于人类社会互动的细粒化特征：社会纽带的分布、沿着这些纽带的想法的流动，以及通过与同伴群的互动把想法转变为新的行为和新的社会规范的手段。

前面的章节介绍了塑造想法流如何改进公司的生产率，这也为我们设计更好的城市提供了洞见。假设我们希望既维持公民社会的社会规范又促进企业和艺术的创新，社会物理学告诉我们，如果只增加城市的人口密度或者只升级交通网络，我们将会在促进更多创意产出的同时带来更多犯罪[23]。但是，如果我们既有传统乡村较高程度的社会互动特征（因而具有较低的犯罪率），也有繁荣的商业和文化地区较高程度的探索特征（因而具有高的创意产出），那么情况会怎么样呢？

**SOCIAL PHYSICS 社会物理学洞察**

我们希望增加居民区的互动，这将导致约束力更强的行为规范，但我们并不增加每个人探索的数量，因为那样将在引发更多创新的同时导致更多的犯罪。大部分城市规划的失败之处在于，如果城市按照功能来分割，恰好会导致社会纽带结构的错误改变：局部性的互动量下降（如果某个区域只是公寓楼，人们就很少出去见面），而探索会增加（因为人们做任何事都需要去其他地方），因而撕开了区域的社会结构。与之相反，我们需要的是一个自给的城镇，那里的人们能够有规律地见面并有许多“朋友的朋友”。正如著名的城市支持者简·雅各布斯（Jane Jacobs）①所言，一个健康的城市具有完整、相互连接的区域[24]。

我们甚至可以计算出这样一个城市的最佳规模：如果在每个同伴群中，每个人都是任意其他人的朋友或朋友的朋友，那么根据社会物理学的数学理论，我们可以得到最大互动量对应的人口上限大约为 10 万人[25]。这意味着最佳解决方案是小型到中等规模的城镇，每个人在步行距离内就可以到达城市中心、商店、学校和诊所[26]。

然而，**为了使创意产出最大化，商业和文化区域应该使探索机会最大化。**这一目标要求把尽可能多的人塞到一个交通非常高效和价格低廉的中心城市。其理想状态是，每一个小城镇的城中心都有一个电影《星际迷航》（*Star*

① 简·雅各布斯，美国城市规划学家，《美国大城市的死与生》是其经典名作。——译者注

*Trek*)[1]里的那种输送机，能够即时地把人们运往拥有大型跨国企业总部的热门经济中心，以及具有各种现场活动和大型博物馆的文化中心。其目标是使经济和文化中心的探索最大化，并使城镇里的互动最大化。

SOCIAL PHYSICS 大数据的力量

### 苏黎世的城市设计

事实上，这一设计类似瑞士苏黎世为了应对不断扩张的人口所采用的设计。该设计的关键是一个范围非常广、快捷、易于使用的轻轨交通系统，让人们能够快速方便地进入苏黎世市中心，从而鼓励人们生活在苏黎世周围相对较小且生活成本较低的城镇和乡村。即使未必能覆盖大多数人，也有许多人能够从家里走到轻轨站，乘 15 分钟左右车，然后再步行到工作或文化活动场所。

今天，超过 60% 的苏黎世人使用这一公共交通系统。探索和想法流在城市中心的工作和文化活动时达到最大化，同时社会参与在周围的乡村生活中达到最大化。关键的是，大部分人仍然工作在乡村，并且每个人都很容易参加中心城市的文化活动，这样城市和乡村生活就不会过于割裂了。使用这一公共交通系统的结果是：苏黎世中心具有稠密的新想法的流动，这对于一个繁荣的工作和文化环境是必需的。与此同时，周围的乡村也有保持健康所需的很强的社会参与。因此，苏黎世能够在不破坏瑞士的安全和传统的前提下，一直保持其作为世界经济中心的地位并已成长为一个世界级的文化中心。

从历史上看，这一模式在许多“世界最佳城市”中多次出现。巴黎、伦敦、纽约和波士顿都是从小的、只有步行距离的区域建造起来的，这些区域后来通过地铁和轻轨连接在了一起。在有些地方，这种区域结构已经被推倒，但它仍然是一种力量的源泉。

城市规划者也开始使用这类方法来改造日益衰落的城市。和苏黎世一样，

① 一部 2009 年上映的科幻电影。故事发生在 23 世纪，那时的人类已经可以星际旅行了。——译者注

社会物理学模型表明，**正确的方法是专注于创造一个热的“内核”，它将具有高生产率和高创意产出。**这就是底特律的规划者正在尝试的方法：努力在衰落、杂乱无章的旧城里创造出一个小的、热门的新城。

## 想法的引擎，数据驱动的城市

正如我们在本书每一章中看到的那样，社会网络结构对信息和想法的获取有很大的影响[27]。**社会纽带的密度是个体之间想法流动的关键决定因素，并进一步决定了新行为的传播。更高的社会纽带密度能够产生更大规模的想法流，进而提高生产率和创新能力。**

关于想法如何传播并转变为新行为的数学理论相当精确地解释了从多个特征和不同地理层面的经验观察到的城市增长。这种理论不再需要依赖关于社会等级、专业化或其他特定的社会结构等假设来解释 GDP、研发率以及犯罪率的增长与城市人口增长之间的关系。

社会物理学认为，创造城市的理由与创造诸如研究园区或大学等工作环境的理由并无大的区别。我们希望设计一个能够同时增进探索和参与的环境。尽管目前的数字技术让远程互动和合作变得非常容易和方便，但我们已经看到，与面对面互动相比，今天的数字技术并不善于传播新想法。

因此，让人们在物理上相互靠近对于促进想法交流仍然是非常重要的[28]。个体之间较为容易的面对面接触能够增进探索、参与并提高新想法转变为行为的速率，这意味着物理上的接近度也许仍然是生产率和创意产出的主要因素。

但是，人们希望数字通信能够帮助我们把远距离的人群连在一起。高分辨率的数字通信已经能够在许多方面与面对面互动相抗衡，并且有一天可能会成为与面对面互动一样有效且足够丰富的通信渠道（见本章专栏“数字网络与面对面”)。遗憾的是，现有的数字通信的便利性已经使其容易产生回音室效应，导致一再循环的流言蜚语和相同想法的不断重复。然而，如果我们能够开始跟踪想法的起源，也就能够开始打破回音室。正如我将在下一章中讨论的那样，这对于保护隐私也是至关重要的。

在前两章中，我们已经看到如何把大数据与社会物理学相结合以创造数据驱动的城市。通过使用社会物理学的概念，我们可以使这样的城市更有效率、更富创新性，并能尽量减少诸如犯罪、能源的过度使用和疾病等负面因素。社会物理学倡导的社会结构与著名的城市支持者简·雅各布斯倡导的社会结构类似，但是社会物理学还给出了这些倡导的定量的数学基础。通过把城市理解为想法的引擎，我们可以使用社会物理学方程来校正它们，从而使它们运行得更好。

我们如何在社会的各个方面实现同样的目标呢？在本书的最后一章，我将会讨论如何使用新的数字神经系统造福整个社会，如何处理个人隐私和公共物品之间的矛盾。最后，我将讨论设计一个安全、平等、可靠的社会所基于的原理。

SOCIAL PHYSICS
**相关链接**

## 数字网络与面对面

人们总是会这样提问：与面对面互动相比，诸如社交网络或电话之类的数字媒体的作用在哪里？人们之所以对数字媒体感兴趣，是因为其低成本和可扩展性，使以一种便宜的方式管理公司、影响顾客和联系公民成为可能。当然，这一问题的答案是复杂的，我们需要考虑的关键点就是信任和社会学习。

数字媒体并没有传递社会信号和面对面互动，这使得人们难以互相理解。因此，在产生行为改变所需要的信任方面，数字媒体的用处不大。在一个信任实验中，我们观察比较了一个人与同组其他人合作并相互信任所得到的收益，以及个体从背叛他人中可能得到的收益。我们发现在数字媒体中互动的人们几乎总是采取背叛行为[29]。

与此类似，当考查沟通渠道与情绪之间的关系时，我们发现，当人们情绪很低落或者很高涨的时候，他们反而会避免使用电子邮件、短消息和社交媒体，而是转向更多的面对面互动和电话[30]。当需要安慰或者特别高兴的时候，我们需要的是强烈的互动渠道。

此外，大多数数字社交媒体是零散、异步和稀疏的。正如我们在第3章的利用数字化参与进行激励一节中看到的那样，这意味着难以与可信任的同伴行为有重复且频繁的接触。因此，大多数数字社交媒体更善于传播事实（和谣言），而不是新习惯。更复杂的是，一旦社会规范开始起作用，电子式的提醒就会相当有效——尽管这一规范也许是通过面对面互动习得的。例如，驱动大多数电子互动的正是现实世界的互动，但是同样的，电子媒体能够加强一个可信的关系，尽管两人在物理上可能仍然是分开的。

SOCIAL PHYSICS

HOW GOOD IDEAS SPREAD—
THE LESSONS FROM
A NEW SCIENCE

| 第四部分 |

# 数据驱动的智慧社会

# SOCIAL PHYSICS

HOW GOOD
IDEAS SPREAD—
THE LESSONS FROM
A NEW SCIENCE

第 9 章

# 数据新政

## 大数据驱动大未来

SOCIAL PHYSICS

- “数据新政”的核心是必须能够同时提供监管标准和经济激励以引导数据所有者共享数据，并同时服务于个体和整个社会的利益。
- 社会物理学使我们可以通过使用大数据和可视化技术近乎实时地观察政策的运行。这种更大程度的透明能够帮助公众更有目的性地控制政策的调整和修正。
- 如果我们能有一门关于社会的数学化的、预测性的科学，它既包含个体差异也包含个体之间的关系，那么就有可能极大地改变政府官员、企业管理者和公民的思考和行为方式。

我们已经看到，我们留下的数字痕迹为研究我们是谁以及我们想要什么提供了线索，这使得这些个人数据对公共产品和私人企业而言都极具价值。正如欧盟消费者保障专员梅格雷纳·库内瓦（Meglena Kuneva）近期所言："个人数据是互联网时代的新石油、数字世界的新货币[1]。"然而，这种看到每一个互动细节的能力是一把双刃剑。因此，坚持保护个人隐私和自由对整个社会未来的成功至为重要。

> 一个成功的数据驱动社会必须能够保证我们的数据不被滥用。也许特别重要的是，政府不会滥用接触这些细粒化数据的权力。为了实现一个数据驱动社会可能带来的好处，我们需要所谓的"数据新政"，为我们提供具有可行性的保证，使公共产品所需要的数据既易于获得，又能有效保障公民权利[2]。我们必须建立更有力和精细的保护隐私的工具，并且形成一种共识，允许我们使用个人数据来建造一个更好的社会，同时保障普通公民的权利。
>
> **SOCIAL PHYSICS 社会物理学洞察**

推动提出"数据新政"的一个关键动机在于，**数据在共享时的价值更**

**大，因为它们能够告诉我们公共卫生、交通和政府等系统可以有多大的改进。**例如，在第 7 章中我们已经看到，关于我们的行为方式和去向的数据可用于尽可能减少传染病的传播。在该例子中，我介绍了我们如何使用这些数字痕迹在个体层面跟踪流感从一个人到另一个人的传播。而且，如果能够看到这种传播，我们就能阻止它。在这个例子中，共享个人数据的结果就是我们可以极大地降低传染病爆发的威胁。

与此类似，对于那些担心全球变暖的人来说，这些共享、聚合的数据先是告诉我们移动模式与生产率是如何关联的（见第 7 章、第 8 章），进而使我们能够设计更多产、更有效地使用能源的城市。但是，为了得到这些结果并创造一个更“绿色”的世界，我们需要与人们有关的大量数据：这取决于人们是否愿意贡献他们的数据，即使仅仅是匿名和聚合的。

遗憾的是，今天绝大部分个人数据都储存在私营企业里，因而大都是无法获取的。私营机构收集的海量个人数据的形式包括位置模式、金融交易、电话和互联网通信等。这些数据不能一直由私营企业独自享有，因为这样的话他们就不太可能对公共产品有所贡献。因此，在隐私和数据控制的“数据新政”框架中，这些私营机构扮演着关键角色。同样的，这些数据也不能由政府独自享有，因为这有悖于公众的知情权。

尽管诸如更好的卫生系统和更有效使用能源的交通系统等具体的例子促动了“数据新政”，通过有效和安全的数据分享，我们还可以实现更大的公共利益。正如我们在第 4 章和第 8 章中所看到的那样，更大的想法流导致了更高的生产率和更多的创意产出。**长期来看，提升生活标准并且使生活更有意义的是社会的创意产出。因此，“数据新政”的一个关键目标应该是促进更大的想法流。**

促进想法流扩大的一种方式是建立一个公共的数据公地（data commons），即公众可以免费获取关于就业和犯罪率等问题的图表和统计。鲁棒的数据共享和匿名化技术能够建立一个尊重公民隐私和企业的竞争利益、有效监督政府的数据公地[3]。在第 10 章的最后，我将会论及也许是目前世界上第一个大规模的数字公地，并解释这样的资源如何用于建造更好的社会。

但是，并非所有的个人数据都能放在公共的数据公地中，大量的个人数据仍然需要保持私有。为了使个人数据和体验的共享成为可能，我们还需要可靠的技术和规则来保证个体能够安全方便地与他人、企业和政府共享个人信息。因此，“数据新政”的核心是必须能够同时提供监管标准和经济激励以引导数据所有者共享数据，并同时服务于个体和整个社会的利益。我们必须促进个体之间，而不仅是企业之间或政府部门之间的更大的想法流。

**SOCIAL PHYSICS 社会物理学洞察**

## 数据新政，用共享促进更大的想法流

人们早就认识到，促进土地和商品市场流通的第一步就是要保证所有者权利，从而使人们能够安全地买卖[4]。与此类似，创造更大的想法流（“想法流通”）的第一步就是要定义所有者权利[5]。**政治上唯一可行的途径就是把关于公民自身数据的控制权交给公民本人。**事实上，欧盟宪法已经自然赋予了公民这项权利。我们需要认识到，个人数据是个体有价值的资产，把它交给企业和政府是对它们所提供的服务的回报[6]。

一个个体拥有其自身的数据究竟意味着什么？最简单的定义方法就是与英国普通法（*English common law*）中的财产所有权、使用权和处置权做类比。

**数据新政** NEW DEALS ON DATA

保证使用者既可容易获得为了公共利益而需要的数据，又可有效保护公民的保障措施。

- **你拥有关于你的数据的所有权：**无论是谁收集的数据，这些数据都属于你，并且你可以在任何时候使用自己的数据。因此，数据收集者起着一种类似银行的作用：替客户管理数据。

- **你拥有对使用你的数据的完全控制权：**“使用”这个词必须要明确界定，并用通俗易懂的语言清楚地加以解释。如果你对某个公司使用你的数据的方式不满意，你可以删除它。这就如同如果你对某家银行的服务不满意，你就可以注销你在这家银行的账号。

- **你拥有关于你的数据的处置权或发布权：**你可以选择销毁或者散布关于你的数据。

个体拥有对个人数据的权利，企业和政府的日常运行对使用诸如账户活跃度和账单信息等数据存在需求，在这两者之间需要实现一个平衡。因此，这一“数据新政”赋予个体对这些所需要的运行数据的拷贝以及诸如位置等附带数据的拷贝的所有权、控制权和处置权。请注意这些所有权并不完全等同于现代法律中的所有权本义，然而，其实际效果是以一种与土地所有权争论不同，更为简单的方式解决了争论。

2007 年，我首次向世界经济论坛提交了“数据新政”。从那以后，这一想法经历了各种讨论，并逐渐推动形成了美国政府于 2012 年提出的《消费者隐私权利法案》(*Consumer Privacy Bill of Rights*)①，以及欧盟与之相呼应的《个人数据保护》(*Personal Data Protection*)。这些新法规一方面希望把数据从目前所储存的地方释放出来以服务于公共利益，另一方面又赋予个体对于涉及自身数据的更大的控制权。当然，这仍然是一项未竟的事业，个体对于自身数据控制的战斗仍在持续。

---

① 又被称为 *Consumer Data Bill of Rights*。—— 译者注

## 开放 PDS，信任网络与数据公地

我们如何能够实施这一“数据新政”？单纯“诉诸法律”的威胁是不够的，因为如果我们无法看到他们在滥用数据，就无法起诉他们。而且，谁又想诉讼缠身呢？

SOCIAL PHYSICS 大数据的力量

### 信任网络与数据共享系统

目前最佳的实践是一个被称为信任网络的数据共享系统。信任网络是计算机网络和法律合约的结合：计算机网络持续记录对每一段个人数据的用户许可，而法律合约则明确了数据能做什么、不能做什么，以及在违反许可时该怎么办。在这样一个系统中，所有的个人数据都有说明该数据能用于什么和不能用于什么的附加标签。这些标签完全是按照法律合约中的条款来写的，而所有参与者之间的法律合约规定了不遵守许可标签要受到的惩罚，并赋予了我们审查数据使用的权利。有了许可和数据的出处，我们就可以对数据的使用进行自动审查并使个体可以改变他们的许可，甚至收回数据。

一个与此类似的系统已经使银行间的转账系统成为世界上最安全的系统之一，但是这样的技术直到最近还只是为巨头所用。为了赋予个体类似的安全方法以管理个人数据，我的研究小组在 MIT 与由约翰·克利平格（John Clippinger）和我创建的数据驱动设计研究所（Institute for Data Driven Design）合作[7]，帮助建造了开放 PDS（open Personal Data Store, 开放个人数据商店）。这是这类系统的一个消费者版本，我们现在正在与一系列工业和政府部门合作检验这一系统[8]。也许不久之后，共享个人数据就可能变得和银行间货币转账一样安全可靠。在深度洞察“开放 PDS”中对这一系统有更为详细的介绍。

## 狂野的万维网

到目前为止，我着重介绍了新的由传感器得到的个人数据源，因为许多人对这些数据的范围和性质还不熟悉。当然，万维网上已经有海量个人数据。绝大部分数据包含的信息来自社交网站、博客和论坛用户；线上商店和机构的交易和注册数据；以及浏览和点击的历史记录等。有些公司正开始挖掘用户提供的图像和视频资料。尽管这些资料是用户主动提供的，但这类挖掘仍有可能造成许多不经意的伤害——就如同通话记录和电话位置数据这类被动收集的传感器数据一样。

万维网是在一种无约束的环境中发展起来的，其中没有关于个人数据的一致性的隐私标准。因此，这些数据的权利是不清楚的，而且不同网站之间的标准也各不相同。与之相反，移动电话、医疗和金融数据是由高度规范的企业收集的，他们具有相当清晰的所有权规则，并且把“数据新政”与现有框架相融合以使这些数据得到更广泛的使用，从而使这类个人信息在周密控制下的共享成为可能。

但是，狂野的万维网又是怎样的呢？幸运的是，现有的万维网公司已经开始在压力之下遵守针对受管辖行业的更高的标准。也许最好的例子就是Google，它也是世界经济论坛中我参与领导的“重新思考个人数据”项目倡议（Rethinking Personal Data）的参与者之一。经过在世界经济论坛最初一轮的讨论，Google 发布了信息中心（Google Dashboard，www.google.com/dashboard），它让用户知道了 Google 拥有他们的哪些数据。经过第二轮讨论，Google 组建了“数据解放前线”团队（Data Liberation Front，见 www.dataliberation.org）。这是由一群 Google 工程师组成的团队，其使命是“用户应该能够控制他们储存在任何 Google 产品中的数据”，其目标是“使数据的移入和移出变得更为容易”。当我以前的学生布拉德利·霍罗威茨（Bradley Horowitz）在 2011 年 6 月领导发布 Google+ 时，数据的所有权和便携性是关键设计元素之一。这些通往个体对个人数据控制的步伐才刚刚迈出，就已经对所有公司形成压力使它们完全接受“数据新政”了。

# 数据新政的挑战

安全共享数据的能力无疑会产生更多为数据驱动的治理方案和政策。通过使用大数据和社会物理学分析，我们可以期待实现好得多的社会结果。也许同样重要的是，社会物理学使我们可以通过使用大数据和可视化技术近乎实时地观察政策的运行。这种更大程度的透明能够帮助公众更有目的性地控制政策的调整和修正。

例如，我的实验室正在开发一个基于 Google 地图的网络工具。但是，这一工具不只显示道路和卫星地图，还会显示贫穷程度、婴儿死亡率、犯罪率、GDP 变化和其他社会性指标，而且每天都会对每个地区的数据进行更新。使用这一新的绘图能力，我们可以很快看到政府的哪些新举措在起作用或不起作用[9]。

然而，使用如此大量数据建造更好的社会系统的最大障碍既非数据的规模或速度，也不是共享数据的隐私和责任——最大的挑战是要学习如何基于对数十亿的个体连接的分析建造社会组织。我们需要社会物理学，以此跳出基于平均和陈规的系统，走向基于个体互动的分析的系统。

## 走出封闭的实验室

传统的检验和改进政府、机构的方法在建造数据驱动的社会方面用途有限。即使是我们通常使用的科学方法也不再可行，因为潜在的连接如此之多，以至于传统的统计工具得到的结果根本没有意义。

面对如此丰富的数据，我们很容易被虚假的相关性误导。例如，我们研究了一个小的大学社区分钟级的行为数据，包含持续一整年、每天数千兆字节的数据流。我们注意到，如果人们特别喜欢东奔西跑，就常常预示着流感即将爆发。但是，如果我们只能使用传统的统计方法分析数据，就难以理解为什么会这样。是因为流感病毒使得人们更为活跃，从而使病毒传播得更快吗？或者是因为与比平常多得多的人的互动使人们更有可能患流感？还有其他什么原因？吗我们无法从实时的数据流本身知道答案。

其中的关键是标准的分析方法不足以回答这类问题，因为我们不知道所有可能的选择，从而无法得到一组有限、可检验、清晰的假设。我们需要想出新办法来检验现实世界中的连接的因果性。我们再也不能依靠实验室实验，我们需要在现实世界里做实际的实验，并且通常会面对大规模的实时数据流。

使用真实数据来设计组织和政策已经超越了我们管理事情的标准方式。我们生活的时代是建立在数百年的科学发展和工程建设的基础之上的，并且对改进系统、政府和机构等的标准选择方案已有相当好的了解。因此，我们的科学实验通常只需考虑少数几个清晰的选择（即合理的假设）。

**但是，随着大数据时代的到来，我们的生活将会在很大程度上运行于传统、熟悉的范围之外。这些数据经常是间接和有噪声的，因此需要特别小心地加以解释。更重要的是，大量数据是关于人类行为的，我们要寻找方法，把物理条件与社会结果联系起来。只有当我们有了坚实、证据充足和定量的社会物理学理论时，才能以一种简洁明了的方式形成和检验假设，这种方式使得我们今天可以可靠地设计桥梁和测试新药物。**

**SOCIAL PHYSICS 社会物理学洞察**

因此，我们必须超越目前正在使用的封闭的、基于实验室的问答式过程，开始用新的方式管理社会。与以前相比，我们必须开始使用我的研究小组针对“朋友和家庭”或“社会演化”研究建立起来的方法，更早且更经常地检验现实世界的连接。我们需要建造生活实验室——那些愿意尝试做事情的新方式的社区，或者直白地说，愿意成为实验对象的人群，以检验和证明我们的想法。这是一个新领域，重要的是我们要在现实世界中持续尝试新想法，以了解哪些想法是可行或不可行的。

SOCIAL PHYSICS 大数据的力量

### 特伦托与开放数据城市

作为生活实验室的范例，在意大利特伦托市政府、意大利电信（Telecom Italia）、西班牙电信（Telefónica）、布鲁诺·凯斯勒基金会（the research university Fondazione Bruno Kessler）、数据驱动设计研究所和当地公司的合作支持下，我们近期在意大利的特伦托市（Trento）启动了“开放数据城市”（open data city）项目。重要的是，这一生活实验室得到了所有参与者的知情与同意——他们知道所参加的是一个庞大的实验，其目标是创造更好的生活方式。关于这一生活实验室的更多细节可见 http://www.mobileterritoriallab.eu。

这个项目旨在建立数据共享的新方式，以促进更大的市民参与和探索。其特定的目的是建造并检验诸如开放 PDS 系统这样的信任网络软件[10]。诸如开放 PDS 这样的工具可以通过控制数据的去向和用途，使得个体能够安全地分享个人数据（如健康数据和孩子的资料）。

我们研究的问题依赖一组个人数据服务，这些服务使得用户可以收集、管理、发布、共享和使用关于他们自身的数据。当这些数据聚合在一起时，可用于每个成员的自我授权或者通过使用社会网络激励的公地用于社区的改良。这种安全共享数据的能力可以促成个体、公司和政府之间更好的想法流，我们希望通过研究证明其对城市生产率和创意产出的促进作用。

由开放 PDS 信任框架促成的一个应用例子就是家庭之间分享关于幼儿最佳教养的经验。其他家庭是如何花钱的？他们经常出去参加社交活动吗？人们和哪些幼托机构或医生相处的时间最长？一旦个体授予权限，开放 PDS 系统就使我们可以安全自动地对这些数据进行收集和匿名化处理，并分享给其他的年轻家庭。

开放 PDS 系统让年轻家庭社区可以互相学习，并且不需要手工处理数据或者冒着在现有社交媒体上分享的风险。尽管特伦托市的实验尚处于早期阶段，参与家庭的初步反应已经表明：这类数据共享能力是有价值的，而且使用开放 PDS 系统分享数据让他们感到安全。

特伦托生活实验室让我们有机会研究如何应对在现实世界中收集和使用深度个人数据的敏感性问题。这个实验室将特别用作“数据新政”的一个试验，建立赋予用户控制对其个人数据使用的新方式。例如，我们要研究不同的技术和方法以在保护用户隐私的同时允许使用其个人数据生成有用的数据公地。我们也将研究不同的用户界面以用于隐私设置，配置收集的数据、发布给应用的数据，以及与其他用户共享的数据，所有这些都将在一个信任框架下完成。

## 对人类理解的挑战

构建数据驱动的社会的另一个挑战是人类理解。随着稠密、连续的数据和现代计算的到来，我们已经能够绘制出社会的细节并构建相应的数学模型。但是，这些未经加工的数学模型远非大部分人所能理解。对于可怜的人类而言，这些模型中的变量太多并且关系太过复杂。尽管这些高度精细和数学化的模型有助于建造交通和电力之类的自动化系统，但是它们对于指导个人决策几乎毫无用处。

为了帮助政府和公民做出有关社会的决策，我们需要给出一个人类尺度的、直觉的对社会物理学的理解。我相信，在我们的人类直觉和大数据统计之间需要进行一场对话，我们需要今天的大部分管理系统中都不存在的一些东西。大多数人对于如何使用大数据分析、它们意味着什么，以及应该相信什么都鲜有概念。我们需要有一种新的语言以帮助建立上述理解，这种语言需要超越市场和阶层，描绘人们之间的详细连接如何决定变化。我希望本书中的语言和概念能够有助于缩小原有的距离。

## 自由意志和人性尊严

有些人对于社会物理学一词有负面评价，因为他们觉得这意味着人们只是机器，既没有自由意志也没有与我们的社会角色无关的行动能力。然而，我设想的社会物理学承认人类的独立思考能力，但并不需要试图解释它。社会物理学基于的是覆盖整个人群的统计规律性，即在几乎任何时刻对几乎每个人都是正确的事情。

我们个体的、有意识的信仰体系是通过对事实和假设的演绎形成的，然而，即使我们只改变了一个关键事实、假设或者规则，我们的整个信仰体系也会发生很大的变化。这种脆弱的繁殖不只是一种理论上的可能性，当人们进入新兵训练营或者加入宗教派别时就会经常看到这种深刻的变化。在这些情形中，一个人的整个信仰体系可以在几天或几周之内就发生改变。社会物理学基于的是所有人都具有的规则性，它不能解释个体信仰体系的这种不稳定性。

社会物理学的力量来自几乎所有的日常行为都是习惯性的，都是基于我们从观察他人行为中所学到的东西。由于我们的大部分行为是习惯性的，并且基于的是物理的、可观察的体验（例如听到的故事或看到的行为，这些行为可以被描述为重复的模式），这意味着我们可以像观察猿或蜜蜂那样来观察人类，并得到行为、反应和学习的规则。

然而，与猿或蜜蜂不同，我们知道人类具有一种内在的、不可观察的思维过程，这偶尔也会让最好的社会物理学模型失效。因此，尽管我们能够使用社会物理学来设计为日常和典型的人类行为服务的生活空间、交通系统和政府，我们也总是需要为不寻常的个人选择留有余地。令人惊奇的是，数据本身告诉我们：这种偏离规则的社会模式的行为是很少发生的。因此，我们必须非常小心地呵护这些个体创新的萌芽，而不应屈从于关于费用和仅支持最常见模式的争论（关于这一主题的更多细节请见附录一“快、慢和自由意志”。）

我们的大部分生活是高度模式化的，而且我们彼此很相似，并不是具有不同行为模式的完全不同的个体。然而，由于当代文化过多强调独立性和个人选择，人们往往难以意识到这是一件好事。我们的大部分态度和思想基于对他人体验的集成，这解释了为什么我们能够为了共同的目标而合作。

还有一个理由可以解释，为什么人们应该采用社会物理学的概念而不是市场和阶层的概念。因为市场和阶层基于平均或陈规，使用这些术语来推理会不可避免地对市场或阶层中的所有人一视同仁。

所有这些原因都具有实际的影响并且比术语选择偏好更为重要。因为每个人都理解市场逻辑和阶层竞争，我们过于经常地把社会描述成持续不断的竞争，把人们按照阶层或市场身份来分类。我们总是把人们分为时尚的千禧一代①、高档的婴儿潮世代②或者白种共和党人③。这种思考方式自然会引发某种固定规则和过于强调诸如金钱和名望等容易度量的特征的问题。它将引发一种赢家通吃的流行文化、激进的资本主义以及过于依靠竞争和市场激励来管理社会的政府。

**SOCIAL PHYSICS 社会物理学洞察**

如果我们能有一门关于社会的数学化、预测性的科学，它既包含个体差异、也包含个体之间的关系，那么就有可能极大地改变政府官员、企业管理者和公民的思考和行动方式。例如，它可以让我们使用社会网络激励，而不是依

① 千禧一代（millennial）是指 1985—1995 年出生的人，他们差不多与个人电脑同时诞生并在互联网的环境中长大。——译者注

② 第二次世界大战之后的 1946—1964 年间，美国共有近 7 600 万婴儿出生，约占美国目前总人口的 1/3。他们被称为“婴儿潮世代”（Babyboomers），是如今美国社会的中坚力量。——译者注

③ 美国共和党倾向于保守，一般受到较多白人的支持。在 2012 年的美国总统选举中，白人选票占了共和党候选人罗姆尼得票总数的近九成。——译者注

靠监管惩罚和市场竞争来建立新的行为规范。假如政府在做决策时,能够把“红气球挑战赛”中使用的方法(第6章)与群体的智慧(第1章)相结合，招募到数千万人来寻找答案并在各地市政会议赢得支持，那么就有可能使现有的决策机制有系统性的转变。为了实现这一转变，我们需要一种已经被证实比市场和阶层等旧语言更有用的新语言和逻辑，并且要让每个人都能理解。我相信社会物理学的语言(探索、参与、社会学习和想法流的测量)具有担任这一角色的潜力。

**SOCIAL PHYSICS**
**社会物理学洞察**

SOCIAL PHYSICS

HOW GOOD IDEAS SPREAD—THE LESSONS FROM A NEW SCIENCE

第 10 章

# 智慧社会的建立

## 用人性的洞察设计更人性的社会

- 交换网络优于市场的核心原因在于信任。交换网络中的关系会很快稳定（我们会一再找那些给我们最佳交易的人）；而稳定性会带来信任，即我们会期望有一个持续的有价值的关系。

- 尽管我们拥有现代数字媒体和现代交通，新行为在社会中的传播仍然是由局部的人际交流主导的。因此，尽管具有高得多的探索水平，我们仍然生活在一个交换社会。

- 通过创建一个为个人数据提供深度和背景的公共数据公地，可以在使个人数据更有用的同时实现社会效率的目标以及信息和想法的合理流动。

- 为了维持整个社会的鲁棒性，我们需要一组不同的、具有竞争性的社会系统，并且每个系统都有自己的做事方式，及在需要时迅速展开这些系统的方法。我们为了最佳想法流而校正系统时所实现的正是这类鲁棒性。

如今，世界上绝大部分的社会都是基于自由市场的，这一社会模型植根于18世纪的自然法则概念：人类是自利和自制的，在所有的社会交易中，他们无情地寻求从商品、援助和支持的交换中获益。这种假想个体的公开竞争是生活的自然方式，并且如果考虑到所有的代价（例如污染和浪费），公开竞争动力学就可以促使有效社会的形成。正如亚当·斯密给出的解释[1]：

> 一只“看不见的手”引导他们对生活必需品作出几乎同土地在平均分配给全体居民的情况下所能作出的一样的分配，从而不知不觉地增进了社会利益，并为不断增多的人口提供生活资料。

市场有效分配资源的力量以及“人类是无情的竞争者”的假设是大部分现代社会的基石。它对于股票和商品以及工资和住房相当有效。因此，人们逐渐把市场思维应用于社会的各个方面。但是，这种18世纪对于人类本性的理解难道真的是现代社会的好模型吗？我不认为是这样。

**竞争与合作：**正如本书前面章节阐明的那样，这种对人类本性看法的一个主要缺陷在于，人类并不只是自利、自制的个体。我们感兴趣的东西以及我们的控制机制本身，在很大程度上是由与他人互动所生成的社会规范决定的。

现代科学研究表明，在人类社会中，合作与竞争一样重要和普遍[2]。同伴之间的协调与合作是非常强大的塑造力：我们的朋友总是在提醒我们；在体育和商业比赛中需要通过团队合作来战胜其他队伍；全球各地的人们都会帮助家人、孩童和老人。事实上，共享的文化和文化规范的整体概念都是基于个体行为的协调。我们再来更仔细地看一下合作在现代社会中的作用，以及合作与“人们是无情的竞争者”这一想法相悖的事实。

正如我们在本书前面章节中所看到的那样，人们相互合作以建立社会规范，这些规范就是我们所说的文化。事实上，社会中的竞争也许主要是合作的团队，而不是个体之间的竞争。而且，每一个机会或威胁会形成不同的团队。例如，伦敦银行家们为了赚钱而相互协调，在行业内共享策略和标准。与此类似，纽约的律师具有共享的规范，从而使他们作为一个群体在当地生态系统中蓬勃发展。政治家创造了共享的传统和方法，以交换金钱利益和公民利益，并同时取悦媒体。在所有这些情形中，定义竞争性互动的正是合作——关于如何协调我们和同伴行为的隐式或显式协议。

**阶层与团队：**具有共享规范的团队与传统的阶层概念是不同的，因为他们不是只由标准特征定义的。这些标准特征包括收入、年龄或性别（传统的人口统计特征），他们的技能和教育程度（按照马克斯·韦伯的标准）[3,①]，或者他们与生产资料之间的关系（按照卡尔·马克思的标准）[4]，等等。然而，团队成员其实是某种特定情形下的同伴。在某种情形中，一个人所属的团队也许是具有相同业余爱好（例如唱诗班合唱）的一群人；在另一情形中，团

① 马克斯·韦伯（1864—1920）是德国的政治经济学家和社会学家，它与卡尔·马克思和埃米尔·涂尔干被并称为现代社会学的三大奠基人。他在各种学术上的重要贡献通常被通称为“韦伯命题”。——译者注

队也许是包含一群具有类似经历的人（例如毕业于同一个高中班级）；而在另外一种情形中，一个团队可能是一群具有同类工作的人（例如消防队员）。因此，尽管某个人只属于一个传统阶层，也可以是多个不同团队的成员。在每个团队里，成员互相学习并因此创造出一个共享的常识，不同的团队具有不同的常识，这取决于他们有什么爱好、他们是从哪里毕业的、或者他们在哪里工作，等等。

这些团队不只是一起工作的经济同盟，它们也促成了对范围很广的各种主题的很强的规范，包括生活目标、价值观，甚至着装要求。团队的成员建立起一种整体文化和生活方式，并且又由这些成员将之带到他们所属的其他团队。银行家下班后就是母亲或是教会领袖的角色，这使得这些团队也沾上了一些银行家的文化，反之亦然。通常没有人是仅由其工作定义的，如果一个人近乎是“单线条”的话，就会被认为是奇怪的，甚至有点精神错乱。

从这点来看，诸如资产阶级、工人阶级、民主党或共和党之类的政治或经济标签通常是对人群不准确的模式化描述，人们事实上有非常多样化的个体特征和需求。因此，用阶层或政党等术语对社会进行推理是不精确的，并且可能会导致错误的过度泛化。在现实世界中，只有当一群人之间既具有较强的互动又互相视彼此为同伴时，他们才能建立起高度相似的规范。

**市场与交换：**和阶层是对流动、重叠的团队矩阵过度简化的描述一样，市场也是一个类似有缺陷的理想化概念，它假设所有的参与者能够看到其他每个人并且与之平等竞争。事实上，有些人具有更好的连接，有些人则知道更多的东西，由于距离、时机或其他次要因素而使得一些购买行为更困难。我们在今天的股票市场里可以看到一个典型的例子：普通人拥有的信息要比职业股票交易商少得多，更复杂的是，职业交易商又比不过计算机化的高频交易员，后者对价格变化的反应是毫秒级的——我们对自由市场的理想突然变得更为复杂了。

对于那些看上去像是传统市场的情形为何其实经常是其他的东西，图10-1 给出了一个重要的例子。图 10-1a 描绘的是经典的市场概念。在这里，大量的买家从大量的卖家那里购买商品，价格的稳定因此是有效和一致的，这种对称的市场也是鲁棒的。如果一个卖家出了问题，如发生了断货或者货运车出了故障，那么其他卖家就会填补空缺。

然而，现实世界看上去更像是图 10-1b 显示的交易网络，买家—卖家关系的约束更多并且更不对称。通过分析美国政府关于哪个公司从哪个供应商采购的数据，我的同事达龙·阿西莫格鲁（Daron Acemoglu）、瓦斯科·卡瓦略（Vasco Carvalho）、阿苏·奥兹达格拉（Asu Ozdaglar）和阿里雷扎·塔巴兹－萨利希（Alireza Thabaz-Salehi）发现，美国经济中许多行业间的关系都像图10-1b 显示的那样是有约束和非对称的[5]。

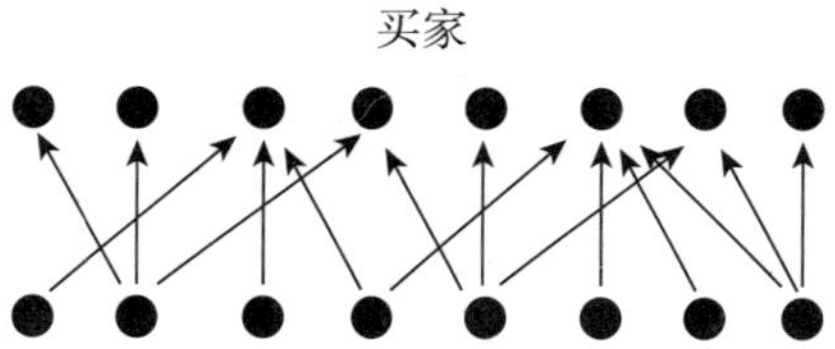


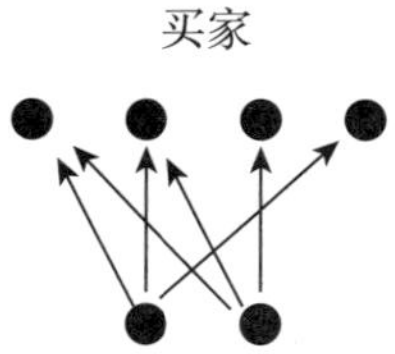


a. 为一个经典的市场，b. 则是一个交换网络，在这个市场中的交易都是限定在社会网络中存在的连接之间的。信任和个性化服务更有可能在交换网络中建立起来。

图 10-1　经典和现行的交换网络

这类有约束的交易网络的一个好处是，买家更有可能与卖家建立起稳定、可信的关系。随着稳定性和信任的增加，运用社会压力的能力也随之提高，这使得卖家能够做到为每一个特定的买家定制需求。这也许就是为什么美国经济看上去像图 10-1b 而不是图 10-1a：**人们更喜欢可信的、个性化的关系**[6]。

然而，这些约束和非对称性也会带来危险，因为如果一个大的买家或卖家出了问题，就会产生级联效应，从而损害与之有关系的所有买家和卖家。近期的一个著名例子就是福特汽车公司的总裁要求美国国会出手援助其最大的竞争对手——通用汽车公司。这是为什么？因为福特和通用依赖于许多相同的供应商，如果通用汽车公司破产，福特也无法生产自己的汽车。如果我们只依靠传统的市场思维，就无法预期这种竞争者之间的合作。

传统的市场思维中的一个基本假设是存在许多的买家和卖家，并且可以较为容易地相互替代。这些例子和经济数据告诉我们的是，这一假设对美国经济的许多方面都是不适用的。我们需要把经济看作一个具有特定交换关系的复杂网络。

## 交换优于市场的核心是信任

现代社会基于的是“市场能够有效分配资源”这一概念，以及“人类是无情的竞争者”这一假设。但是，正如我们看到的那样，这显然不能很好地描述我们的社会是如何存在和运行的。

这曾经是对人类社会好的描述吗？在人类历史上是否存在某个时刻，我们都是公开抢夺资源的凶猛的竞争者？尽管在很多神话和浪漫小说中早期人类社会都是这样被描述的，科学研究却表明事实并非如此。

人类学家发现在大部分尚未受到现代社会影响的原始社会部落中是非常

平等的，人们非常平等地分享食物，并且经常拥有分布式的、基于专业技能的权利[7]。当然，这些社会中的人们在物理上的移动性是有限的，因此难得遇到“圈外人”。然而，因为缺少书面、复杂的语言或算术，即使真的遇到了“圈外人”，传递想法和信息的能力，或者甚至是商谈食物和其他商品交易（即在供需之间套利）的能力也是相当有限的。

重要的是，这意味着我们的智力和文化是在一个东西和想法都通过个体互动来传播的时代中进化的，一个新想法或有价值的东西在人群中传播需要花费很长的时间。换言之，许多早期社会的运行状态更像是一个交换网络而不是市场：缺乏确定物品或想法的价值的市场机制或价格设定权威。有限的移动性意味着供需限制在极少数人在一个时间点的交换，并且声望的获得大都只是在两人之间而不是通过某个中央权威来实现共享。

在我的博士生安可·马尼的博士论文研究中，我们使用博弈论从数学方面考察了早期人类社会的交换网络的典型性质[8]。我们要特别看一下这些早期社会是否具有和基于市场的社会相同的性质。安可通过求解方程发现，在一个基于交换网络的社会里，亚当·斯密的“看不见的手”在网络中只是起局部作用，但其好处是不需要额外的声望机制或裁判[9]。而且，在一些重要的方面，一个“交易者社会”要好于一个“竞争者社会”。与市场相似，交换网络也能够公平分配物品，但是它也给予个体成员更好的支持并能对外部冲击有更为鲁棒的响应。

交换网络优于市场的核心原因在于信任。交换网络中的关系会很快稳定（我们会一再找那些给我们最佳交易的人），而稳定性会带来信任，即我们会期望有一个持续的有价值的关系。这与典型的市场情形是不一样的，因为在市场中，一个买家可能会每天随着价格的波动与不同的卖家打交道。在交换网络中，买家和卖家可以更为容易地建立信任，从而使社会在面对大的压力时更富有弹性。在市场中，我们通常需要依靠能够对所有参与者进行排名的准确的声望机制，或者执行规则的外部裁判。

那些方程式表明，由于更大的稳定性和更高的信任度，交换网络动力学会自发演化到一个公平的状态，由关系产生的盈余也会被等分给所涉及的个体[10]。因此，更高的公平性、稳定性和信任所带来的结果是，交换网络也更协作、鲁棒并具有弹性[11]——这是构建一个可持续社会的“好处方”[12]。

亚当·斯密认为，“看不见的手”缘于受到社区内同伴压力约束的市场机制。在随后的几个世纪中，我们倾向于强调市场机制而忽略了他的思想中同伴压力的重要性。我们的结果强烈地显示，“看不见的手”更多的是缘于人们之间交换网络的信任、合作和鲁棒性，而不是什么市场作用的魔力。**如果想要拥有一个公平、稳定的社会，我们就需要寻求人们之间的交换网络，而不是市场竞争的“帮助”。**

这些数学分析描绘了一幅早期人类社会的美丽画卷，也许这也是为什么人类学家研究的一些早期社会如此稳定和平等。当然，稳定和平等并不一定意味着和平。一些早期社会其实是非常暴力的，部族间的战争在确定预期寿命和基因混合方面起着非常重要的作用。我相信这种暴力在本质上是由于极低水平的想法流：社区内的高水平参与和社区外的低水平探索通常导致僵化狭隘的社会。正如我在第 3 章的“群体间的征服与冲突”一节中介绍的那样[13]，狭隘的社区（包括亚当·斯密的社会）通常会极大地伤害那些与它们共享资源的更弱的社区。

但是，这一交换社会的想法如何应用于现代生活呢？今天，我们有大众传媒传播信息，有比从前高得多的移动性使我们可以与很多人互动。信息的获得如此普遍，我们的社交网络如此广泛。这些是否意味着我们已经从交换社会转变到了市场社会？

我想答案是否定的。尽管今天我们在互动的广度和速度方面都有了极大的提升，我们的习惯在很大程度上仍然依赖与少数可信的人的经常性互动。对每个人而言，这类可信的人的数量总是相当小的。事实上，证据表明，今天我们每个人拥有的可信同伴的数量与数万年前相比几乎没有变化[14]。

正如我在第 2 章中介绍的那样，这种小的、相对稳定的可信同伴网络仍然主导着我们的饮食、消费、娱乐、政治行为，甚至技术采用的习惯。与此类似，面对面的社会纽带推动企业产出并且影响最大型城市的生产率和创意产出（见第 4 章和第 8 章中我的小组的研究）。这意味着，尽管我们拥有现代数字媒体和现代交通，新行为在社会中的传播仍然是由局部的人际交流主导的。因此，尽管具有高得多的探索水平，我们仍然生活在一个交换社会。

SOCIAL PHYSICS
社会物理学
洞察

## 网络化社会的三大设计准则

我们如何使用这些关于人类本性的洞见（社会学习和社会压力的重要性，以及人类社会更像一个交换网络而不是开放市场）来设计一个更符合人类本性的社会?

社会物理学认为，首先要着眼于想法的流动而不是财富的流动，因为想法的流动是文化规范和创新的源泉。经济学理论仍然是设计社会中的想法流的有用的模板，但是我们必须要试着建立一个更准确的关于人类本性的定义。因为人类不只是经济动物，我们的模型需要包含广泛的人类动机，包括好奇心、信任和社会压力等。我们也需要考虑人类社会的社会和动态网络特征，这意味着我们应该着眼于提供个体正确决策所需要的想法流并建立有用的行为规范。

SOCIAL PHYSICS
社会物理学
洞察

对于正在涌现的超连接的社会，我认为存在 3 条设计准则：社会效率、运行效率和弹性。我们先逐一看一下这 3 条准则，然后再看它们为什么可以用于政府和更为普遍的社会。

## 设计准则 1：社会效率

用经济学的语言来表述，社会效率是指资源在社会中的最优分配。按照亚当·斯密的著名论断，这是经由一只“看不见的手”的操纵而发生的过程。当然，正如我们在第 3 章中看到的那样，除非每个人都参与到相同的社会结构中来保证同伴压力能够促使每个人都遵从相同的规则，否则“看不见的手”是不起作用的。

如果这样一个包容性的社会系统也具有社会效率，就意味着一人获利则人人获利；反之亦然，对个体有害则对整个社会也有害。如果大部分人都足够富裕，就可以通过最穷和最脆弱的成员的状况来衡量一个社会中财富分配的好坏[15]。

人性具有众所周知的缺陷，因此社会效率是一个理想的目标。通过把这一原理用于社会中想法的流动，我们看到人们之间想法和信息的交换必须可靠地为个体和整个系统提供价值[16]。

**开放市场，即提供开放和公开的数据以支持公平的市场，是实现社会效率目标的传统方法，**这是在 20 世纪主导我们思维的解决方案。尽管我们对开放数据的依赖已经使许多制度提供了透明性，但公开数据的数量和丰富程度导致了我们对“隐私的终结”的担忧。我们发现，对个人数据进行简单的匿名化处理并不可靠，因为人们往往仍然可以通过组合分析不同的数据集来实现识别。

因此，我们发现自己处在这样一个情景中：拥有最强计算能力的一群人能够很好地跟踪我们所做的每一件事情以及我们的行踪，从而使我们处于走向“老大哥”（big brother）[①]社会的危险之中。企业和政府拥有的计算能力远超过个体，这种不平衡将很快成为导致社会不平等的一个主要原因。更多的数据获取和更高的计算能力，这两种趋势的结合使得权力高度集中在政府和大型企业的手中。

**除了开放市场的方法，另一种实现社会效率的方法就是交换网络。**这一共享想法和信息的方法依赖于对个人数据的严格控制——保证数据只能在同意交换的范围内共享且永远不会流动得更远。通过设立可信的数字交换网络而不是使用开放的市场机制，我们实现了对个人数据的去向和使用方式的控制。正如我前面解释的那样，我相信这类网络上的交换能够使亚当·斯密的“看不见的手”更有效，并且能够提高公平性、信任度和稳定性。

为了说明可信交换网络，我们来回想一下典型的城市体验。在你的日常生活中，你与许多人有着常规性的互动：比如买咖啡、乘车。你也许不知道其中很多人的名字，也几乎肯定不知道他们的家庭成员、朋友和同事，不知道他们在业余时间做什么。然而，因为你每天与他们互动，所以这些交换是值得信任的。也就是说，你可以指望今天的咖啡和昨天的具有相似的味道和相同的价格。

你知道这些“熟悉的陌生人”，但并不知道他们的交换网络。这意味着你难以设计伤害他们，因此这种交换可以避免各种欺诈和虐待。与此类似，诸如开放 PDS 系统之类的数字信任网络能够使信息交换更为开放和公平，同时，通过能严格控制个人数据的数字化过滤手段，减小人们面对的风险。这些数字机制确保了在任何交换中，个体仅共享所需要的最少的个人数据，

① 在乔治·奥威尔的名著《1984》里，描述了一个无处不在的“老大哥”形象：一个无时无刻无所不在的“老大哥”监视着所有人的一举一动，甚至包括思想活动。——译者注

并且这些数据只会用于指定的目的。

现在一些存在已久的信任网络经过验证是安全和鲁棒的。正如第 9 章中提到的那样，最为人们熟知的例子是用于银行间货币划拨的 SWIFT 网络，它最显著的特征就是从未被攻破过[17]。当银行抢劫犯威利·萨顿（Willie Sutton）被问到为何要抢银行时，他说了一句著名的话："因为那里有钱。"今天，SWIFT 网络就是钱所在的地方——每天数万亿的钱。这一信任网络不仅使窃贼无法接近，而且确保金钱可靠地流向应该去的地方。

我们可以把这一信任网络技术用于人们之间的日常互动，从而创造出一个交换网络社会，不再总是求助于开放市场机制。和银行在 SWIFT 网络上注册以便安全地与其他银行互动一样，个体也可以在信任网络上注册从而安全地与他人或公司互动，安心于他们的个人数据只会以他们同意的方式被使用。

一个着眼于一对一交换和对数据拥有强大个人控制的信任网络可以带来社会效率、公平性和稳定性，这些都是交换网络的内在性质。正如上面"熟悉的陌生人"的例子说明的那样，交换网络甚至比启蒙运动时期推崇的开放竞争环境更为自然。也许这是由于交换社会似乎是人类心智发展所处的那种环境，如果确实如此，交换网络就特别适合我们的社会本能和快速推理能力[18]。

开放市场和强大的个人控制模型只是实现社会效率的两种方法，这两种方法的混合也是有可能的。例如，我们可以生成一个对公众免费开放的有限制的数据公地，当把它与个人隐私数据结合时就能够产生大得多的收益。

**数据公地** DATA COMMONS

将尽可能多的数据集合在一起的安全的大数据集。

SOCIAL PHYSICS 大数据的力量

### 大数据如何改善医疗保健

医疗保健是这样一个数据公地的好例子。美国政府已经开始迫使医院和药品制造商免费公开关于治疗的有效性的信息。通过把这一公共信息与我们个人健康记录的私人信息相结合，就可以显著改善医疗保健。通过创建一个为个人数据提供深度和分析背景的数据公地，可以使个人数据更有用，并同时实现社会效率的目标以及信息和想法的合理流动。本章的下一节会进一步研究这一课题，同时考查也许是目前世界上第一个大数据公地：数据促进发展。

## 设计准则 2：运行效率

除了社会效率，我们也需要运行效率。换言之，如果我们的社会想在现代资源有限的世界中实现繁荣，社会基础设施应该快速、可靠并且没有浪费地运行。数据系统应该努力为日常活动提供最优运行，特别是当它们被用于控制社会的物理网络和系统的时候。按照这一定义，我们目前的金融、交通、健康、能源和政治等系统看起来都是不符合要求的。也许部分是由于它们都是在 19 世纪设计出来的，当时的设计者依靠的是严格、中心化的控制，因为当时主要的感知和数据系统差不多就是靠人们骑着马到处走。

实现这一运行效率目标的步骤之一就是创建一个数据公地，让我们能够实时看到整个图景。然而，这种通过上帝之眼看世界的方式并不需要看到具体的数据，公地通常只需聚合与手中任务相关的匿名数据。这种聚合数据可用于设置总体性的政策、调节物理的社会系统，而其他则通过个人隐私交换、使用私人数据来校正系统。一个基于公地调节的例子就是聚合匿名医疗记录（这种事情必须要有完备的法律约束和监管），并通过对记录的分析得出哪种药物治疗最有效以及哪些药物的相互作用是危险的。这些聚合是可用于校正个体的医疗方案想法（例如情境、措施、预期结果）。

科学家们正在学习如何通过使用和分析这类数据公地来改进卫生、交通和其他公共系统，这一图景缺失的一个部分是如何让人们采纳所发现的想法。如果我们设计的最优系统不符合人类本性，那么它就是没有用的，因为人们将不会合作，忽视或错误地使用这一系统。

社会物理学能够让人们发现最佳的想法并促使他们合作。在前面的章节中，我们看到了社会网络是如何提供更有效的激励，以促进建立和执行有用的社会规范的。我们现在需要应用这些经验来重新设计现有的经济、政府和办公系统。正如第 3 章的节约用电实验，以及第 7 章的社会网络干预所阐述的那样，我们可以使用社会物理学来改进社会系统的运行效率。

设计更好的系统关键是对状况的实时监测、对最佳响应想法的连续探索、围绕这些想法的互动，以及通过这些得到对变化的状况协调一致的响应。我们可以再回想一下第 1 章介绍的 eToro 平台上的好策略的搜索，第 3 章介绍的能源保护例子中社会压力带来的合作，以及第 6 章介绍的“红气球挑战赛”中的快速雇用参与者。所有这些例子都表明，未来的系统看上去在很多方面像维基百科，却是建立在具有面对面关系而不是完全虚拟或者数字关系的重叠上的。换言之，对好想法的探索会出现在数字领域，但是为了达到一致的参与主要出现在面对面的情形中。通过不同的好友群之间探索和参与的迭代，我们也许能够扩展古老的决策过程，这些迭代在从蜜蜂到猿等社会动物中都能看到，并且对于在快思考和慢思考的人群之间实现一致性仍然是必需的。

## 设计准则 3：弹性

弹性与社会系统的长期稳定性相关。今天的社会系统（金融、政府和办公）似乎会周期性失灵、崩溃或一败涂地。重要的是要设计使这类系统性失效更少发生的系统。不能对变化的条件和威胁作出快速与准确响应的社会系统是无法适应人类的现代需求的。显然，我们的长期弹性依赖于我们快速稳定地适应社会中的突发变化（甚至是罕见和极端的事件）的能力。这本质上是能多快进行社会学习的问题：我们如何能最快地集成各地的数据（包括意想不到的和非传统的数据源），并利用这些数据可靠地重新装配社会系统？

灾难管理是这类系统的一个典型的例子。在面对遭到意想不到的破坏并且只有部分能够运行的系统时，我们如何才能快速恢复基本功能？第6章讨论的我们对"红气球挑战赛"系统的响应展示了社会网络激励对于快速和分布式的资源动员的影响。这些例子使我们有望建造人机系统，能够在短时间内快速配置经济和社会激励以组装整个系统、产品和服务。

然而，我们还需要更广阔的思考，而不只是重建受损的系统。我们还需要思考整个社会设计的弹性。通常我们想的是寻找管理医疗保健、交通运输系统的最优策略，或者为系统配备训练有素的人员。但是，如果存在诸如隐式依赖性或假设之类的系统性风险，整个系统就有崩溃的风险。这类隐式依赖的典型就是破产的雷曼兄弟公司和濒临破产的美国国际集团（AIG），这两个例子说明世界金融体系在很大程度上依赖于那些未被察觉和未受约束的金融活动。

因此，为了应对系统性风险，我们需要一组不同的系统，而不是单个的所谓最佳系统。这样一来，一旦某个系统失效，其他正常的系统就会快速展开工作并取代失效的系统。例如，第1章告诉我们的一个重要经验就是：多样性在决策系统中是至关重要的，因为尽管某一策略总会逐渐失效，许多不同的系统在同一时刻失效几乎是不可能的。类似的是，公共卫生管理的某个策略也许会完全失效，正如2005年的卡特里娜飓风彻底摧毁了美国新奥尔良的电话通信，从而使得其卫生系统失效。但是这场飓风并没有摧毁业余无线电网络，人们还可以用这个网络来协调药物和医疗设备的应急运送。

所有这些都表明，为了维持整个社会的鲁棒性，我们需要一组不同的、具有竞争性的社会系统，每个系统都有自己的做事方式，及在需要时迅速展开这些系统的方法。我们为了最佳想法流而校正系统时所实现的正是这类鲁棒性。

我们开始在军方和应急响应系统中看到这些设计原理。他们正被迫承认，集中式的决策能力不仅会中断，而且这种决策也可能是错的，因为他们不能判断局部条件。因此，这些组织开始在分布式领导原理中训练系统中的每一个人。如果决策是在那些最适合做决策的场合，而不都是由最高等级的人做出的，那么这样的组织就会对破坏具有高得多的鲁棒性和抵抗力。

然而，这仅仅是一个开始。这些层次化的组织还必须承认中心指挥官也有出错的可能性，因为那些最高领导的策略也许就是错的。这类组织需要超越管理的“大人物”理论，并开始以更好的方式建造能够持续检验竞争策略的组织。

## D4D，数据促进发展

诸如人口调查数据这样关于人类行为的数据，对于政府和行业而言一直都是很基本的信息。在这样一个大数据时代，我们需要确保数据公地是可以免费使用的，并且要保护那些私人生活反映在这些数据中的个体的隐私和安全。我们确实需要“数据新政”，以保证个人能够了解他们的信息被用于何处以及使用这些信息的好处和风险，从而使得他们可以选择如何分享数据——无论是以个体的方式还是经由政府的集体的方式。

2013 年 5 月 1 日，也许是世界上第一个真正的大数据公地正式揭幕，全球 90 个研究机构报告了它们对于非洲的科特迪瓦整个国家的公民移动和通话模式数据的分析结果。

这些聚合的匿名数据是由移动运营商 Orange 捐赠的，也得到了比利时鲁汶大学和我的MIT研究小组的帮助，以及科特迪瓦的布瓦凯大学（Bouake）、联合国全球脉动计划、世界经济论坛和全球移动通信公司贸易协会（GSMA）的合作支持。D4D倡议是由尼古拉斯·索（Nicolas De Cordes，Orange公司）、文森特·布隆代尔（Vincent Blondel，鲁汶大学）、罗伯特·柯克帕特里克（Robert Kirkpatrick，联合国全球脉动计划）、比尔·霍夫曼（Bill Hoffman，世界经济论坛）和我共同领导的。

上述90个项目中的每一个都涵盖了我提出的3条设计准则。伦敦大学学院（University College London，简称UCL）研究人员的工作强调了使用D4D数据来改进社会效率，他们建立了一种从手机使用的多样性出发描绘贫穷状况的方法[19]。我的学生内森·伊格尔最先注意到了这一间接方法，它基于的是我们在第8章看到的财富效应[20]。人们拥有的可支配收入越多，移动和通话模式就会越多样化。把D4D数据用于社会效率的另一个例子是加州大学圣迭戈分校的研究人员描绘的种族边界[21]。这一方法基于的是如下事实：相同种族和语言的群体在本群体内部的交流要远多于和群体之外的交流。这一项目的重要性在于，尽管我们知道种族暴力往往是在边界处爆发的，政府和援助机构通常并不能确切知道这些社会断裂带的地理位置。

SOCIAL PHYSICS
大数据与
社会物理学

把D4D数据应用于运行效率的一个例子是由IBM都柏林实验室所做的关于科特迪瓦公共交通系统的分析[22]。分析表明，只需花费很小的代价，就可以使科特迪瓦最大城市阿比让（Abidjan）居民的平均上下班时间通勤减少10%。其他研究小组的工作表明，使用D4D数据对于政府、商业、农业和金融的运行效率也有类似的改进潜力。

其他使用D4D数据改进弹性的例子包括来自诺维萨德大学、瑞士洛桑联邦理工学院和伯明翰大学的几个研究小组关于疾病传播的分析。研究表明，公共卫生系统的小的改变有可能使流感的传播率降低20%，并显著降低艾滋病和疟疾的传播[23]。这些例子只不过是人们基于 D4D 数据这一丰富而独特的数据公地所做的大量令人惊叹的工作中的一小部分（这些结果和其他类似结果都可以从如下网站获得：http://www.d4d.orange.com/home）。

每一个 D4D 研究项目都阐明了大数据公地在改良社会方面的巨大潜力。从 Orange 公司的观点看，它也表明了把这一数据公地和个人数据相结合的新的商业模式的可能性：我们可以想象一个手机应用能告诉你乘哪一辆公车去上班是最快的，或者如何降低市民患流感的风险。

这 19 个研究小组的工作也表明，许多与发布关于人类行为的数据相关联的隐私担忧也许被误解了。在这一数据公地中，数据是由先进计算机算法处理过的（例如复杂的采样和使用聚合的指标），人们不太可能重新识别任一个体。事实上，研究这个特定问题的几个研究小组都没有发现重新识别的路径。

此外，尽管感兴趣小组的任何合法研究都可以免费获取数据，但数据本身是在法律合同的规定下散布的。这一合同类似于在信任网络中使用的合同，它明确了数据只能被用于建议中阐明的目的，并且只能被提建议的特定人群使用。同时，使用先进的计算机算法和法律合同以明确和审查个人数据是如何被使用和分享的，这正是欧盟、美国和其他地方的新的隐私保护规章的目标。

## 普罗米修斯之火

我在本书中一直强调我们需要把社会当作个体互动的网络，而不是市场或阶层。为此，我给出了一个社会物理学的框架，它勾勒了人们之间的想法流是如何塑造企业、城市和社会的规范、生产率和创意产出的。

通过创造基于使用大数据来绘制想法流的详细模式的社会系统，我们使预测社会动力学将如何影响金融和政府决策成为可能，这也将极大地改良我们的经济和法律体系。首先，我们可以使用社会物理学的工具来改进想法流，从而有望改进社会的生产率和创意产出。稠密、连续的数据，以及想法流的可视化也给了我们前所未有的工具来审视政策的运行情况，从而可以在需要时做出快速调整和修改。

这一转变的萌芽已经出现。受到城市人口以及城市数量快速增长的促动，全球的政府和大学正开始重新看待城市的组织和治理。许多举措正在重新考虑城市的基本设计原理，并开始认真考虑我和我的同事们提出的使用手机和信任网络创造一个数字神经系统的建议。MIT 正在全力开展城市设计的研究，作为 MIT 媒体实验室城市科学计划的共同主持人（http://cities.media.mit.edu），我正在与多个城市合作以改进它们的想法流。

这一数据驱动的社会愿景的基础是保护个人隐私和自由。为了保证这种个人自由，我与来自美国、欧盟和全球其他地方的政治领导人、跨国企业 CEO 和公益团队一起工作以建立“数据新政”。这些讨论已经帮助改变了全球的隐私和数据所有权标准，并开始令个体对涉及他们自身的数据拥有前所未有的控制权，同时在公共和私人领域也带来了更好的透明度和参与度。

我们仍然需要面对社会系统中更多受控实验的挑战。目前在社会科学中实践的科学方法并不能使我们满意，甚至在大数据时代有面临崩溃的危险。我们要进一步构造生活实验室以测试和证实建造数据驱动的社会的想法。

最后，我认为基于社会物理学原理、数据驱动的社会的潜在回报是值得我们努力与冒险的。想象一下：我们可以预测和减轻金融危机的影响，检测和预防传染病，更明智地使用自然资源、促进创新和减少贫困。这些目标曾经是科幻小说的素材，但是这一目标可以成为现实——我们的现实，只要我们能小心避开陷阱。这就是社会物理学和数据驱动的社会给出的承诺。

# 开放PDS

个人数据（关于用户的位置、通话、Web 浏览和偏好的数字信息）被称为“新经济时代的石油”，而我所看到的则进一步增强了这一类比[1]。这些高维数据可以使应用程序提供智能化服务和个性化体验。从 Google 搜索到 Netflix①的“你应该看的电影”，从潘多拉网络电台（Pandora）②到亚马逊电子商务，数据为这些服务和其他数百个服务提供了“动力燃料”。算法帮助用户联系更密切、娱乐化程度更高。这些应用也展示了以用户为中心的数据的惊人潜力和潜在风险。

我们已经开始大规模地收集、处理和利用个人的、以用户为中心的数据：数百个不同的服务和企业在收集和存储这些数据。这种碎片化使数据难以为创新服务所使用，甚至连当初产生数据的个体自身也往往无法获得数据。这就阻碍了用户充分利用他们的数据并使得个体难以（即使并非不可能）理解和管理相关的风险。由于大部分的数据并非匿名（或者可以重新识别）这已经成为人们的一个主要担忧。在使用和挖掘数据方面的进展必须要与对数据的所有权和隐私权方面的考虑保持同步。

---

① Netflix 是美国的一家流媒体服务商。它基于大数据创作了火爆的连续剧《纸牌屋》。——译者注

② 潘多拉网络电台是一种自动音乐推荐系统服务。用户在其中输入自己喜欢的歌曲或艺人名，该服务将播放与之曲风类似的歌曲。用户对于每首歌的反馈会影响 Pandora 之后的歌曲选择。——译者注

## 走向个人数据商店

关于数据所有权和个人数据仓库的讨论已经持续了很长时间。然而，这些解决方案的大规模实施却是一个鸡与蛋的问题，因为用户在等待契合的服务而服务在等待用户的采用。

正如我和数据驱动发展设计研究院（Institute for Data Driven Design）的约翰·克里平格（John Clippinger）的研究阐明的那样，近期政治和法律上的进展有望彻底改变这一困境[2]。

我和博士生以及博士后伊夫·亚历山大、埃雷兹·塞缪尔里和塞缪尔·王（Samuel S. Wang）等人所建立的框架称为开放 PDS[3]。这一框架使用了世界经济论坛中我建议为“数据新政”的数据“所有权”所下的定义，即拥有权、使用权和处置权[4]。此外，它也符合美国政府的网络空间可信任身份的国家策略（National Strategy for Trusted Identities in Cyberspace）[5]，美国商务部发布的“绿皮书”①和美国《网络空间国际战略》（U.S. International Strategy for Cyberspace）等政策[6]。开放 PDS 这一框架也与欧盟委员会 2012 年的数据保护规则改革高度一致[7]。这些建议、改革和制度都意识到了个人数据需要置于个体控制之下这一不断增长的需求，因为只有个体才能在相关的风险和回报之间做出最佳权衡。

如果用户与大量公司有日常性的互动，那么互用性（interoperability）就不足以实现实际的数据所有权，更不用说处理隐私担忧了。为了实现真正的数据所有权，用户需要拥有一个处于中心化位置的安全空间以存放他们的数据。拥有一个个人数据存储设备能让用户看到并了解所收集的数据会被如何使用，控制数据的流动以及管理细粒化的数据获取。

① 2013 年 7 月 31 日，美国商务部发布了一份有关数字经济下版权政策、创造力和创新的绿皮书，希望促进对经济发展至关重要的一系列政策问题的讨论。——编者注

除了能够促进数据所有权，PDS 也是一个特别吸引人的解决方案，因为它可以产生一个公平有效的数据市场，即一个用户可以得到针对自身数据的最佳服务和算法的市场[8]。

- **公平：**用户控制对他们数据的获取，并因此可以对服务进行排名和评价。用户可以决定相对于某个服务所需要的数据量及相关企业的声望，来评判该服务是否提供了足够的价值。在提出的框架中，授权用户可以询问如下问题："找到这首歌的歌名是否值得我泄露自己的位置信息？"他还可以轻松地把自己的数据切换到另一个服务中。

- **有效：**用户可以与新服务无缝交流并让该服务获取他们的数据。提出的框架去除了投入新商业机会的障碍，允许最有创新性的企业提供更好的数据驱动的服务。它也刺激了商业，因为用户选择的服务能够避免它们自己收集大部分的数据。商业将会进一步获取由智能手机上的传感器和（或）其他应用与服务收集的历史数据。

因此，服务提供商可以专注于使用所有可利用的数据向用户推送最佳体验。例如，通过利用用户在网络上发布的他们喜爱的歌曲和艺术家，他们的朋友喜欢什么，甚至他们去过哪些夜店等信息，一个音乐服务平台就可以为用户提供个性化的电台服务。

人们也提出了个人数据的存储、获取、控制和隐私保护的其他方法。然而，开放 PDS 的独特性在于它与目前的政治和法律思维相一致，以及它的动态隐私保护机制。

众所周知，个人数据隐私保护是一项艰巨的挑战。与高维数据相关联的风险往往是很微妙并且难以预测的[9,10]。把个体未聚合的数据匿名化是一个被专家称为"算法上不可能"的挑战[11]。过去几年的大量研究表明，那些看上去已经匿名化的数据集仍然存在着重新识别或去匿名化的风险。例如，对数百万用户的移动性数据集的研究表明，仅需使用 4 个时空点的信息就有可能进行个体重新识别[12]。

## 动态隐私：一个新范式

人们已经提出了大量保护或者混淆个人数据的方法。但是对于我们今天记录的高维、多模态、连续演化的数据而言，还没有一种方法被证明是令人满意的。与之不同的是，我们提出了动态隐私的想法，以便通过回答问题而不是授权获取原始数据来把算法上不可能的匿名化问题转变为一个更易于处理的安全性问题。

让我们设想一项服务，它基于一个用户是否在跑步来提供个性化的用户体验。在现有的模型下，这一服务需要通过用户的手机收集位置和（或）加速计数据，并上传到远程服务器来计算得到该用户是否在跑步的信息。在开放 PDS/ 动态隐私机制下，一段代码会被安装在用户的 PDS 里面。所安装的代码会在 PDS 的安全环境中使用敏感的位置和加速计数据计算得到相关的答案。发送到远程服务器的只是那个答案，不包括用户的位置和加速计数据。

将这一简单的想法与数据所有权相结合就可以让用户从个性化体验中受益，不再需要分享诸如原始加速计读数或 GPS 坐标之类的原始数据。换言之，分享的是代码而不是数据。尽管这本身不是彻底的解决方案，但它迅速降低了数据的维度和幅度，从而使分享的是某一特定问题所需要的最少的数据，分享也因此变得更为安全。

这个机制也让用户可以安全地授予或者取消数据获取权，无须通过可信的第三方匿名分享数据、监视和审查数据的使用。一个团队计算机制对此做了进一步的推广，让用户可以匿名贡献数据并以聚合的形式使用数据回答类似的问题："目前在这一区域有多少用户？"

**用户体验：**假设爱丽丝想在不使用 PDS 的情况下安装并使用一个安卓应用，例如基于位置的社交网站 Foursquare。爱丽丝把这一应用下载到她的手机上并授权 Foursquare 获取她的手机网络通信、个人信息和手机特征。事实上，用户在安卓手机上安装任何一个新应用时就已经要面对这一问题了。爱丽丝要生成一个用户账号，然后开始与 Foursquare 建立全新的联系。

Foursquare 会把它收集的关于爱丽丝的所有信息存储到后端的服务器中。爱丽丝无法获取那些数据，也无法看到 Foursquare 使用什么来推断她的信息。此外，不同服务之间的集成也是在幕后进行的。如果 Foursquare 想要利用 Twitter 或 Facebook 的数据，爱丽丝还要在相关服务上进行认证。但是爱丽丝在很大程度上并不知道 Foursquare 所使用的外部数据的数量。

如果爱丽丝选择下载 Foursquare 的 PDS 版本的话，她可以像安装其他安卓应用一样安装这个应用。一旦启用，这一应用就会提示她安装一个 Foursqure 应用到她的 PDS 上。这一 PDS 应用会精确描述 Foursquare 将获取她的 PDS 中的哪些数据，以及哪些相关的总结信息被传到了 Foursquare 的服务器上，这样爱丽丝就可以了解安装这一应用会对她的隐私产生哪些影响。

这一 Foursquare PDS 应用并没有把爱丽丝的个人数据存储在 Foursquare 的服务器上，而是在爱丽丝的 PDS 上获取和处理数据。爱丽丝可以在她喜欢的云服务商或她自己的服务器上安装或者购买一个 PDS。随着时间的推移，她的 PDS 将会充满由她的手机收集的信息、她的音乐品味、她的联系人信息，以及她在日常生活中积累的其他传感器信息。爱丽丝将对数据拥有完全的控制权并可以准确看到她的手机、其他传感器和服务随着时间的推移所收集的信息。

由于这一 Foursquare PDS 应用是运行在爱丽丝自己的计算设施上的，

所以她可以审查传出的数据以保证不会有意料之外的数据从她的 PDS 流出去。这样一来，我们就可以在 PDS 上开发丰富的应用和服务以利用这些不同的数据来源，但爱丽丝仍然拥有这些计算背后的数据并可以采取措施保护自己的隐私。

**一个示范应用：**就社会成本而言，精神疾病已经成为全球最严重的健康问题之一，尽管这类疾病往往是可以治疗的。例如，抑郁症是成熟的市场经济中导致人们身心障碍的首要因素。精神异常的诊断主要基于病人、教师、家庭成员或邻居的报告。

许多精神异常的症状与物理移动、活动和交流的模式相关——这些都可以通过手机数据来衡量。加速计能够揭示烦躁、走动以及突然或狂乱的运动。位置跟踪可以揭示地点和路径的变化以及物理移动性的整体范围。个体与他人交流的频率和模式、内容以及说话的方式等也是反映精神异常的几种关键预兆。进一步说，如果我们把这些数据与他们的行为开始变得令人担心时的感觉或者“正在做什么”等临时性问题相结合，就会进一步放大这些数据的价值。

如果我们能够被动和自动地衡量这些精神问题的“诚实的信号”，就能够在他们的生活变得失去控制之前为其提供医疗服务。更重要的是，如果他们的朋友能够接收到他们有些情况不对的提示，就可以适时出手相助。当然，这里存在隐私的问题。

精神健康可通过行为的诚实信号来评价，而这些信号可通过手机中的传感器来测量。我们也观察到了用户与朋友分享这些信号的价值。这些观察促使美国国防部先进研究计划局（Defense Advanced Research Project Agency）在心理信号检测与计算分析项目（Detection and Computational Analysis of Psychological Signals，简称 DCAPS）中包括了开放 PDS 和 Funf 系统[13]。

在 DCAPS 中，智能手机提供了一个普适平台以在自然场景下连续感知和监测，并尽量减少有经验的人的负担。这些设备能够记录用户的声调、与他人互动的频率、移动和活动的一般水平，以及其他微妙且诚实的社会信号。事实上，目前用于诊断各种心理健康状况的 DSM-Ⅳ 症状中有相当大的比例专注于行为的改变，这些改变恰是可由智能手机互动有效捕获的衡量类型。DSM-Ⅳ 已经升级到 DSM-Ⅴ[①]，它是目前最为广泛接受的精神健康诊断手册。

我们的开放 PDS 和 Funf 系统提供了一个确保隐私、安全、可扩展的移动感知平台，以从手机收集诚实的信号数据出发分析精神疾病的模式。数据可通过开放 PDS 安全地存储，以让每个个体看到并分享他们的整体心理健康状况的反馈。

图 F2-1 显示了我的 MIT 实验室开发的 DCAPS 手机界面（其他的 DCAPS 承包方开发了他们自己的界面）。在这一显示界面上，人们能够看到他们前一天的行为在 3 个维度上的排名。这些维度包括活动水平、社会化的数量、活动期间的专注度。这 3 个维度都是抑郁和创伤后应激障碍（PTSD）的 DSM-Ⅳ 判据，也是日常生活的常识维度，因而其意义易于为用户和医务人员所理解。

在图 F2-1 中，位于中心的簇团反映的是前一天的用户行为，包围这个簇团的环显示了用户伙伴的活动性、专注度和社会化的最大值与最小值。图中这一情形用户相对于其同伴显然表现异常，这将鼓励该用户及其同伴讨论导致这一情况的原因。

① DSM 是《精神疾病诊断与统计手册》（*The Diagnostic and Statistical Manual of Mental Disorders*）的简称，由美国精神医学学会出版。DSM-V（即第 5 版）已于 2013 年 5 月 18 日在美国出版。——译者注

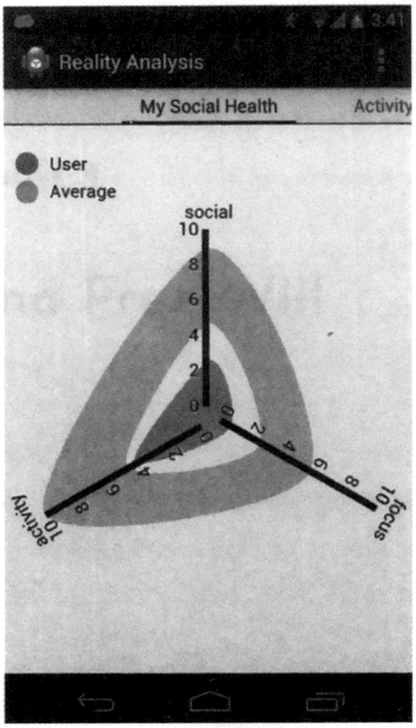


图 F2-1　手机上心理健康的安全、私人测量

附录一

# 快、慢和自由意志

两位诺贝尔奖得主——心理学家丹尼尔·卡尼曼和人工智能先驱赫伯特·西蒙都支持一个具有两种思维的人类心智模型[1]。在卡尼曼的描述中，一种是快速、自动并且以潜意识为主的模式，另一种是慢速、基于规则并且以有意识为主的模式。简单的描述就是，快思考主要使用我们从自身经验和观察他人中习得的想法的关联，来驱动我们的习惯和直觉；相比之下，思考的慢模式使用推理，结合我们的信仰以得出新结论。

**快思考：**快思考是一个更古老的系统，并且在即时得到答案方面表现优秀，即使是那些需要权衡的复杂问题也是如此。快思考也善于发现模式和关联。快思考擅长通过我们自身的经验和与他人经验的接触来学习；然而，它只限于形成关联而无法利用抽象推理。快思考是我们从猿类祖先那里继承来的某种东西，也许早期人类的心智能力很大程度上就是基于这一系统。

快思考基于选取看上去有用的想法（要采取的行动、采取行动的情境以及可能的结果）并使其成为未来行为的模板。由于快思考是高度自动和无意识的，因此在选取哪些想法作为行为的基础方面，快思考是非常保守的。这也导致我们在学习新的行为习惯时较为缓慢。要把一个想法植入我们的习惯，通常需要先有关于这一想法的许多成功的例子。因此，与正在体验相同想法的人的互动就是我们学习新习惯的一种典型方式[2]。观察他人的体验为我们提供了所需要的例子，让我们决定一个新想法对我们而言是否会成功。

**慢思考：**快思考非常有效，它似乎可以追溯到上亿年之前，并且是所有哺乳动物都具有的一种特征。当然，快思考也有一些缺陷，因为使用关联作为选择当前情形下正确行动的机制具有内在的局限性。事实上，卡尼曼和其他学者推测这些局限性也许刺激了慢思考的演化。

慢思考是基于通过个体推理获得的信仰和似乎有趣的观察——也许某一天会被证明是有用的事实。由于慢思考是基于规则和思辨的，考虑新的、不确定的信仰是安全的，因为通过与它们“打交道”，我们将逐渐确定它们是否与我们相信的其他东西相符。然后，我们快速学习新事实并且持续参与探索行为就是有意义的。正如我们在第 2 章看到的那样，探索行为提升了我们做出好决策的能力。

语言和慢思考是紧密耦合的。当我们通过特别难忘的故事把他人的经验集成到我们的快思考习惯库中的时候，语言的实际力量就在于它使得慢思考的信仰结构可以在人群中传播。超越当下的、熟悉的经验的约束的能力也许是慢思考对人类的适应性作出的关键贡献，尽管为了得到答案通常需要相当缓慢而艰苦的努力[3]。

对于许多任务而言，快思考要好于慢思考，大部分人在意识到这一点时都会感到惊讶[4]。当我们遇到一个复杂的问题并且涉及不同目标之间的权衡时，快思考中的关联机制通常要优于慢思考中的推理机制，在决策时间有限时尤为如此。因此，很多科学家认为我们绝大部分的日常行为都源于快思考——我们几乎没有时间用慢思考来仔细推敲[5]。最能体现我们生活高度自动化特征的情形是在进行我们擅长的某个活动的时候，在紧急状况下最能看到快思考的威力，这个时候人们经常说："我根本就没想过，我只是本能反应"。我们在处理单调的日常事务时也是如此，人们经常会一边空想或闲聊，一边整理文档或驾车。

因此，虽然我们参与某种活动的决定可能是高层次和有意识的，但是很多活动本身是高度熟练和自动的，这些活动由快思考驱动，并且很大程度上不在我们的注意力范围内。我们往往很难解释自己到底做了什么，或者自己为什么有这些习惯性的行为，因为我们只是处于自动模式。

**快慢结合**：我们通常难以区分快思考和慢思考之间互动的细节，因为进化已经把它们非常紧密地捆绑在一起了。我认为,我们在"社会演化"和"朋友与家庭"实验中看到的主要是快速、习惯或直觉的思考模式的作用。这一模式用类似的方式从不同的人群和情景中学习新行为。相比之下，在选择要加入哪一条想法溪流的时候，我们的慢推理思考模式过于分散和复杂，因此不能成为这些实验中的单个因素。然而，我们可以通过诸如第 3 章介绍的大数据实验来研究快思考和慢思考是如何一起工作的。

我们的研究表明，人类的持续探索行为通常是有意识的慢思考过程，并且是由通过与不同沟通渠道的社会接触引导的，例如，同伴压力是告知性的，而不是规范性的。

尽管广泛的社会接触引导了探索的慢思考过程，它与快思考的学习过程并非紧密相关。某种新发现的行为是否会集成到快思考的习惯和行为库中，与该行为和同伴社区中长期形成的常识的相符程度有很大关系。

一个最好的概述就是：习惯和直觉是基于快思考的，它使用与他人的互动来集成他人与自己的经验，从而形成我们的行动习惯。探索和引导我们的注意力以帮助把事情弄明白似乎是慢思考的核心功能，它基于的是对事件和情景的观察以及经由个人感知和语言表达习得的相关性[6]。

人类具有两种非常不同的思考系统这一认识改变了心理学、人类学和社会学中许多经典的争论[7]。位于这场学术战争一边的是克劳德·列维–斯特劳斯（Claude Lévi-Strauss）①这样的人类学家，以及包括卡尔·马克思和亚当·斯密等在内的哲学家、经济学家，他们强调社会结构如何塑造个体行为。位于这场战争另一边的是像让–保罗·萨特（Jean-Paul Sartre）②这样的哲学家、博弈理论家和认知科学家，他们强调自由意志以及个体认知过程如何塑造个体行为。

关于人类具有两种思考模式的现代发现产生了如下结论：这场自由意志与社会情境争论的两方都是对的，但是两方都不能描述所有时刻的所有人类行为。例如，我们在关于政治信仰的“社会演化”研究中发现，人们显然在使用慢思考工具来决定他们是对自由党还是保守党更满意。但是，在他们做出选择之后，快思考的自动学习工具使得他们吸纳自己所选择的团队的直觉和习惯。

然而，从定量的观点看，应该是社会影响这一方赢了。我们行为的绝大部分是习惯性的而不是推理性的，这有悖于我们很多人看待自己的方式[8]。正如卡尼曼所言，我们的大部分行为都是基于直觉和习惯的快速判断，而不是推理的慢思考。但是，正如自由意志一方会指出的那样，我们最重要的决策绝大部分可能来自推理的慢过程。

---

① 克劳德·列维–斯特劳斯（1908—2009）是著名的法国人类学家，他所建构的结构主义与神话学不但深深影响了人类学，对社会学、哲学、语言学等学科也有深远的影响。——译者注

② 让–保罗·萨特（1905—1980），法国思想家、作家，存在主义哲学大师，其代表作《存在与虚无》是存在主义的巅峰作品。1964年，萨特获得诺贝尔文学奖，但是他主动回绝，成为第一位拒绝奖项的诺贝尔奖得主。——译者注

附录二

# 数学

我们如何在互动网络都不知道的情况下，建立社会系统中个体之间的影响、社会现象和同伴压力的模型？本附录包括：（1）综述影响模型，它利用独立时间序列来估计系统中一个参与者的状态对另一个参与者的状态的影响；（2）阐述如何把这种一般的构架用于建模几种不同模态的社会学习；（3）说明如何预测社会网络中行为变化（想法流）的传播；（4）解释如何使用社会网络激励来改变这一流动。

“影响”这一概念在自然科学中是极端重要的。影响的基本想法是：一个实体的结果能够成为另一个实体的结果的原因。推翻第一块多米诺骨牌，第二块也会倒下。如果我们精确理解两块多米诺骨牌是如何互动的（一个骨牌如何影响另一块），并且知道骨牌的初始状态以及它们之间的相对位置，那么我们就能预测整个系统的结果。

社会科学家几十年来也对分析和理解社会系统中谁影响谁的问题十分感兴趣。但是，与物理世界的类比是有行为特征的，特定互动的情景语境可以改变一个参与者对另一个参与者的影响。更具挑战性的是，参与者可以选择与谁互动，这会混淆从参与者之间的相关行为推断影响的努力。因此，人们一直对找到方法以更好地理解网络化互动对于社会行为和结果的传播如何影响怀有巨大的兴趣。

社会科学家仔细研究了诸如团队讨论之类的交流场景以更好地理解影响的因果机制，但是近期在现代感知系统方面的进展（包括社会计量标牌和手机等）提供了来自每个个体的，在时间和空间上都具有很高分辨率的有价值的社会行为信号。但是，挑战在于如何使用这些数据以更好地推断社会系统中的影响。

在本附录中，我将首先介绍影响模型。该模型目前的形式最先是由我的学生董文在他的硕士论文中建立的，后来我所在实验室的潘巍、曼纽尔·赛布莱恩和泰米·金，以及加州大学圣迭戈分校的社会学家詹姆斯·福勒一起对该模型做了改善[1]。本附录中采用的模型是由潘巍等人描述的形式[2]。其他文献中对于“影响”的类似定义包括物理中的投票模型、流行病学中的级联模型、心理学中的态度影响和经济学中的信息交换模型等。

然而，先前关于影响的模型难以甚至不可能用于从实际观察中预测行为变化。诸如格兰诺维特（Granovetter）的工作之类的经典扩散模型可用于模拟，但是缺乏数据拟合和预测能力[3]。社会科学家使用的统计分析，例如配对样本估计，仅能用于识别网络效应和机制[4]。计算机科学领域近期关于网络结构推断的研究，假设存在一个简单的扩散机制并且仅可用于实际网络上的人工模拟数据[5]。

正如本书中的一些例子阐明的那样，我们的工作考虑了上述每一个问题。当然，我们的影响模型并非模拟社会互动动力学的唯一方式，并非社会物理学的唯一模型。然而，它是一个可扩展的、有效的方法，能处理异质的个体、改变的社会关系、丢失的或有噪声的数据，并已被证明适用于许多不同情景的任务。

影响模型基于的是“影响”的一个显式的抽象定义：一个实体的状态受到它的网络邻居的影响并会发生相应的改变。网络中的每一个个体对于其他个体都有特定的影响强度，每段关系都可以按照这一强度进行加权。

我们在“朋友和家庭”、“社会演化”以及其他一些研究中的实验结果已经表明，至少对于那些行动和结果都是可见的行为而言，与已经采取某种行为的同伴的接触量能够很好地估计一个个体将会采取该行为的概率，这就是社会物理学有用的原因。如果没有这些强大的社会学习和社会压力效应，我们就必须模拟每个个体详细的思想模式。

因此，通过把影响模型和与同伴行为接触的衡量或社会纽带强度的衡量相结合，我们就能预测一个个体将会做出某种行为的可能性。典型结果是这种方式可以预测行为采用 40% 的变动，也就是说，我们的影响预测作为行为结果预测器的效果几乎与智商或遗传组合一样有效。

我认为影响模型对于社会科学家而言是一个独特的工具，因为它可用于广泛的社会系统（包括那些诸如组织、国家和机构之类的聚合体本身也可被视为网络参与者的情形）。影响模型也可以让研究人员在未知网络结构的情况下推断互动和动力学——所需要的只是基于个体观察得到的时间序列信号。

尽管这种建模方法也受到与任意网络观察研究一样的限制，但是行为在时间和社会空间中的排序使得由该模型揭示的影响模式，不太可能通过诸如选择效应和语境异质性之类的其他机制来解释。

## 实体之间的影响

我和我的学生建立的用于模拟人类社会互动的影响模型首先包括一组实体 C。每个实体 C 是一个独立参与者，例如，在团队讨论的情形中一个实体就是一个人。这些实体通过社会网络进行互动和相互影响。影响定义为每个个体在时刻 $t$ 的当前状态 $h_t^{(c)}$ 与所有实体在前一时刻 $t\text{–}1$ 的状态 $h_{t-1}^{(1)},\ldots h_{t-1}^{(C)}$ 之间的条件依赖性。因此，直观上看，$h_t^{(c)}$ 受到所有实体的影响。这一马尔科夫假设意味着所有早于 $t\text{–}1$ 时刻的状态的影响都可以通过在 $t\text{–}1$ 时刻的信息解释。这并非意味着早前的时刻没有影响或者不重要，它只是意味着早前时刻的总体影响已经包含在前一时刻之中。

每个实体 c 有一组有限的可能状态 1, …, $S$。在时刻 $t$，每个实体位于其中的某一个状态，记为 $h_t^{(c)} \in (1,\ldots,S)$。每个实体的可能状态的集合并不一定是一样的，但是为了简单起见并且不失一般性，我们假设每个实体的状态空间都是相同的。每个实体的状态也并非直接可观。然而，正如在隐式马尔科夫模型（HMM）中那样，每个实体基于当前的隐藏状态 $h_t^{(c)}$ 按照条件释放概率 $Prob(O_t^{(c)} \mid h_t^{(c)})$ 释放一个信号 $O_t^{(c)}$。

用状态依赖性来定义社会影响——一个实体的状态如何与其他人的状态相互影响，是一个来自统计物理和机器学习的想法。与此类似，研究人员早就使用贝叶斯网络( Bayesian networks )来理解和处理社会互动时间序列数据。早期的研究使用耦合 HMM，近期的研究则利用动态系统树和互动马尔科夫链。我们的模型的独特之处在于它以一种简约的方式把社会网络与状态依赖性联系在了一起。

一个社会系统包括许多互动和相互影响的实体。社会影响可以表示为每个实体在时刻 $t$ 的当前状态 $h_t^{(c)}$ 与所有实体在前一时刻 $t\text{–}1$ 的状态 $h_{t-1}^{(1)},\ldots h_{t-1}^{(C)}$ 之间的条件依赖。因此，实体 $c$ 在时刻 $t$ 的状态 $h_t^{(c)}$ 受到前一时刻所有实体的状态的影响。条件概率记为：

$$Prob(h_t^{(c)} \mid h_{t-1}^{(1)},\ldots,h_{t-1}^{(C)}) \qquad (1)$$

它自然描述了一个随机生成模型。使用耦合马尔科夫模型，我们可以采用一个一般的组合方法把式（1）转换为一个等价的HMM，其中用一个唯一的状态表示一个不同的隐藏状态组合$h_{t-1}^{1},\ldots,h_{t-1}^{(C)}$。因此，对于一个具有 $C$ 个互动实体的系统，等价HMM将具有一个隐藏状态空间，其规模 $S^C$ 是系统中的实体数量的指数函数，这在实际应用中是不可接受的。

相比之下，影响模型采用的是一种简单得多的方法，并且具有少得多的参数。实体 1, ..., $C$ 对实体 $c'$ 的影响可描述如下：

$$Prob(h_t^{(c')} \mid h_{t-1}^{(1)},\ldots,h_{t-1}^{(C)}) = \sum_{c=(1,\ldots,C)} R^{c',c} \times Prob(h_t^{(c')} \mid h_{t-1}^{(c)}) \qquad (2)$$

其中，$R^{c',c}$ 是一个 $C\times C$ 的行随机矩阵，它刻画了实体之间的影响强度。$Prob(h_t^{(c')} \mid h_{t-1}^{(c)})$ 用一个称为转移矩阵的 $S\times S$ 的行随机矩阵 $M^{c',c}$ 来表示，它描述了不同实体状态之间的条件概率。一般对于每一实体 $c$，存在 $C$ 个不同的转移矩阵来刻画实体 $c$ 和 $c'$ =1,...,$C$ 之间的影响动力学。然而，我们可以对此加以简化，把 $C$ 个不同的矩阵替换为两个 $S\times S$ 的矩阵 $E^c$ 和 $F^c$：$E^c=M^{c',c}$ 刻画了自转移，并且由于实体 $c$ 对其他实体的影响也是类似确定的，实体之间的状态转移矩阵 $M^{c',c}=F^c$（所有的 $c' \neq c$）。

我们可以用如下方式看待方程（2）：实体 $c'$ 在时刻 $t$ 的状态受到 $t$–$1$ 时刻所有实体的状态的影响。$R^{c',c}$ 刻画了实体 c 对 $c'$ 的影响强度。实体 $c'$ 在时刻 $t$ 的状态分布是所有实体的影响的加权组合，权重即每一实体对 $c'$ 的影响强度。由于 $R$ 刻画了任意两个实体之间的影响强度，我们称其为"影响矩阵"。

参数的数量是实体数量 $C$ 和隐藏状态空间规模 $S$ 的平方函数。这大大减少了对于大型训练集的需求，并降低了模型过度拟合的可能性，从而使影响模型可以扩展到更大的社会系统。此外，矩阵 $R$ 还可被自然地视为一个有向加权网络的邻接矩阵。通过该模型学习的两个节点之间的影响强度就可被视为社会网络中的连边权重。这样一来，该模型就把条件概率依赖与加权网络拓扑联系了起来。事实上，矩阵 $R$ 最常见的就是用于理解社会结构。估计影响模型参数的 Matlab 代码和示例问题可见：http://vismod.media.mit.edu/vismod/demos/inf luence-model/index.html。

影响模型已经被用于各种社会科学实验，特别是那些已经通过社会计量标牌或智能手机监测的实验[6]。其中包括研究社会网络中的话轮转换和主导性，以及理解人类互动情境。例如，我和我的学生使用影响模型来理解团队生存，集体讨论数据集中每个个体的功能角色（如跟随者、定向者、给予者、搜索者等）[7]。我们发现，与其他更传统的方法相比，所推得的影响矩阵能够帮助他们实现更好的分类精度。近期，影响模型已经被扩展到多个系统，包括交通模式[8]和流感爆发[9]等。此外，在方法研究上也取得了进展，使得在模型的影响矩阵中可以考虑动态变化[10]。

相关的方法利用贝叶斯网络来理解和处理社会互动时间序列数据，一些例子包括耦合 HMM、动态系统树和互动马尔科夫链等。这些方法和影响模型之间的关键区别在于影响矩阵 $R$ 把实际网络与状态依赖联系了起来。

**逆问题：**隐藏变量的推断。在大部分的实际情形中，我们只有一个包含行为测量的观察时间序列。基于这些观察，我们需要学习隐藏变量的分布以及影响模型的系统参数。尽管也可以使用均场方法，但是在我们的工作中使用的是变分期望极大化（EM）方法（更多细节请见潘巍等人的文章[11]）。

**讨论：**我已经介绍了影响模型及其用于各种社会信号以推断网络中的实体是如何互相影响的。特别是我们可以使用得到的影响矩阵 $R$ 把社会网络与所观察的个体行为状态转移的随机过程相联系。

影响模型也具有与其他机器学习模型相同的一些局限性：推断需要足够的训练集并且需要进行校正以得到最佳结果。最重要的局限是我们试图从观察数据中推断因果过程，而其中可能有许多机制在起作用。如果我们发现两个个体之间的行为是相关的，那么这既有可能是由于影响，也有可能是由于选择（我选择与和我相似的人互动）或者情境因素（你和我都受到不在数据中的某个事件或第三方的影响）。近期研究表明，这些机制一般是混合在一起的。然而，相比于只有来自对称关系的代表性数据，我们已经拥有检验因果次序的时间数据以及检验影响方向的非对称网络关系。这就意味着我们可以拥有更强的自信（尽管不是完全的自信）。

## 用多通道建模影响（第 2 章）

我们在许多研究中使用的现代智能手机已经能够使用其内置的传感器捕获许多不同类型的社会网络，其中包括电话联系人、经常在附近的人以及具有相同移动习惯的人等。每个网络都使个体接触新想法，从而提供了社会学习的机会。

我们在"朋友与家庭"、"社会演化"以及其他一些研究中的实验结果已经表明，至少对于那些行动和结果都是可见的行为而言，与已经采用某种行为的同伴的接触量能够很好地估计一个个体将会采用该行为的概率。然而，接下来的一个问题是：如何扩展影响模型使其在不同的模态下具有不同的影响参数，以预测多个通道的接触导致的行为变化。

我和潘巍以及纳德夫·阿哈洛尼合作，建立了一个简单的计算模型以更好地预测行为变化：使用由手机感知的不同网络计算得到的复合网络。我们的模型也刻画了行为变化中的个体差异和外部因素。我们阐明了在预测行为变化时考虑所有这些因素的重要性，并最终观察到行为变化确实是可预测的。这里采用的模型形式取自潘巍等人的文章[12]。

**引言：**我们近期的研究项目表明，社会网络接触与体重增加和投票行为等个体行为变化相关[13]。我们感兴趣的是扩展影响模型基于网络的预测能力，希望以此面对利用从智能手机等传感器得到的多种不同类型的网络数据的挑战，从而得到更准确和一般性的行为变化预测。

然而，我们难以采用大型社会网络研究中的现有工具来建模和预测行为变化，理由如下。

1. 基础的网络并非完全可观。在这一工作中，我们并没有假定某个网络是解释行为变化的“真实的”社会网络。我们的关键想法是通过诸如智能手机这样的传感器易于观察的多层不同的网络，推断出一个能够最佳预测行为变化的最优的复合网络。
2. 行为变化存在外部因素。行为变化的网络分析往往假设沿着观察到的网络传输是采用某种行为的唯一机制。这显然是错误的假设。大众媒体和未观察到的网络也可能导致行为变化。尽管存在这样的随机性，我们的工作表明仍然有可能建造有用的预测工具，这是我们在该领域的一个主要贡献。
3. 行为变化中的个体行为差异可能非常大，从而使我们有可能无法从数据中观察到任何的。例如，某些人敢于尝鲜，而另一些人则因循守旧。

本节介绍我们用于捕获网络中的行为变化的模型。下面我们用 $G$ 表示图 $G$ 的邻接矩阵。每个用户记为 $u \in \{1,\ldots,U\}$，每个行为记为 $a \in \{1,\ldots,A\}$。我们定义二进制随机变量 $x_u^q$ 表示采用的状态（例如，安装应用）：如果用户 $u$ 采用行为 $a$，那么 $x_u^a=1$；否则，$x_u^a=0$。正如前一节所介绍的，我们把可以通过手机推断的不同的社会关系网络记为 $C^1,\cdots,G^M$。我们的模型旨在推断一个最优的复合网络 $G^{opt}$，它具有来自所有候选社会网络的最强的预测能力。图 $G^m$ 中的连边 $e_{ij}$ 的权重记为 $w_{ij}^m$，最优网络 $G^{opt}$ 中的一条连边的权值简记为 $w_{ij}$。

我们的模型的一个基本想法是非负累积假设，这是我们的模型与其他线性混合模型的区别。我们定义最优网络如下：

$$G^{opt}=\sum_m \alpha_m G^m$$

其中$\forall m,\alpha_m \geq 0$

这一非负累积假设的直观解释如下：如果两个节点通过某种网络相连接，那么他们的行为可能互为相关或者不相关；如果两个节点没有通过某种网络相连接，那么这种连边的缺失对他们的行为（如安装应用）之间的相关性既没有正的影响，也没有负的影响。于是，$\alpha_1,\ldots,\alpha_M$ 是描述最优复合网络的那些候选网络的非负权值。我们定义节点 $i$ 的网络势如下：

$$p_a(i)=\sum_{j\in N(i)} w_{ij}x_j^a$$

其中节点 $i$ 的邻居定义为：

$$N(i)=\{j \mid \exists m\ s.t.\ w_{ij}^m \geq 0\}$$

网络势 $P_a(i)$ 也可以分解为不同网络的势。我们可以把 $P_a(i)$ 视为节点 $i$ 基于对复合网络上的邻居行为的观察而采用某种新行为的可能性。最后，我们定义条件概率如下：

$$prob(x_u^a=1 \mid x_{u^1}^a : u^1 \in N(u))=1-exp(-s_u-p_a(u))$$

其中$\forall u,s_u \geq 0$。

$s_u$ 刻画了个体对于行为变化的易感性。我们使用指数函数是基于如下两条理由。

1. 函数 $f(x)=1-exp(-x)$ 的单调性和凹性是与近期关于社会影响导致人类行为变化的研究相一致的，这表明随着外界网络信号的增加，采用新行为的概率增加的速率是下降的[14]。
2. 在模型训练的极大似然估计时它成为了一个凹优化问题。

我们仍然需要考虑诸如一个行为的流行度这样的外部因素。为此，我们可以引入一个虚拟图 $G^P$，它可以较为容易地插入我们的复合网络框架中。具体地说，我们在复合网络中添加一个虚拟点 $U$+1 以及每个实际用户 $u$ 与该节点之间的连边 $e_{U+1,u}$。每条连边的相应权值 $W_{U+1,u}$ 是一个正数，它描述了行为的流行度。

包含这些外部因素也提升了存在不寻常理由时的网络效应的测量精度。例如，包含通过一条边连接的两个节点组成的网络，并且两个节点都具有某种行为。如果这一行为非常流行，那么两个节点都具有这种行为的事实也许并非意味着强的网络效应。相反地，如果这一行为非寻常，那么两个节点都具有这种行为的事实就意味着强的网络效应。因此，引入外部因素有助于我们的算法更好地校准网络权值。

**模型训练：** 在训练阶段，我们要估计 $\alpha_1,\ldots,\alpha_M$ 和 $s_1,\ldots,s_M$ 的最优值。

我们通过极大化所有条件似然的和，把估计问题形式化为一个优化问题。由于这是一个凹优化问题，因而保证了全局最优解，并且存在可以扩展到更大数据集的有效算法。

**实验结果：** 在诸如预测安装手机应用之类的实验中，这一方法的精度大约是使用人口统计的贝叶斯估计的精度的 5 倍[15]。需要强调的是，我们的算法并不考虑网络效应的因果性问题，也就是说，我们并不试图理解网络邻居会具有相似行为的不同理由。事实上，这种理由可能是扩散（例如，我的邻居告诉我的）、同质性（例如，网络邻居具有相同兴趣和性格）或是某个共同的第三方原因。

## 社会网络中的趋势预测（第 1 章）

给定了一个社会网络中的接触的观察，我们应该能够计算一个新行为出现在某些个体中并进而扩散到大量个体的概率。这就是我所称的想法流，即一个新想法在网络中的传播。

这种趋势预测的主要困难之一在于“将要成为全球趋势”的第一个传播阶段与其他类型的网络模式很相似。换言之，对于给定社会网络中一些观察到的行为变化，我们难以预测哪些行为变化会成为大范围趋势、而哪些会很快销声匿迹。

为了考虑这一问题，扬尼弗·阿特舒勒与潘巍和我合作建立了一个方法，使用上述复合影响模型框架预测趋势传播[16]。我们把社会或社会网络建模为一个图 $G$，它包含社区成员的集合 $U$ 和这些成员之间的社会连接 $W$。我们用 $n$ 来表示网络的规模，即 $|U|$。在这一网络中，我们感兴趣的是预测某些观察到的异常模式 $a$ 的未来行为。$a$ 可以表示诸如 Groupon 这样某个新的 Web 服务不断增长的使用，或者是把某人与“99%”的移动相关联的行为。

与趋势的接触是有传递性的。也就是说，一个暴露的用户产生一些接触代理，它们可以通过网络的社会连接传输到暴露的用户，后者继而再传输到他们的朋友，以此类推。因此，我们把趋势的接触互动描述为网络上随机游走代理的移动。平均而言，与趋势 $a$ 接触的每一个用户产生$\beta$个这样的代理。

我们假设所考虑的网络是（或者近似于）一个无标度网络 $G(n,c,y)$，即一个包含 $n$ 个用户的网络，其中用户 $u$ 具有 $d$ 个邻居的概率服从幂律：

$$P(d) \sim c \cdot d^{-\gamma}$$

这一模型对于本书介绍的大多数社会网络都是正确的；有趣的是，我们认为不具有幂律分布的一些网络（例如通话网络）可以描述为一个相对固定的外生确定性部分再加上一个加性的幂律部分。近期研究考查了影响经由社会连接的传播方式。在上述复合影响模型中，我们检验了网络用户在与那些已经安装了某一应用的用户接触之后安装该应用的概率。对于某一用户 $u$，这一行为的最佳描述如下：

$$P_{Local-Adopt}(a,u,t,\Delta t)=1-\exp\{-(s_v+P_a(u))\}$$

$S_u$ 和 $w_{uv}$ 值的定义和计算方法都与前文“行为采用”一节中的介绍一样。对于每一个成员$u \in U$，$s_u \geq 0$ 刻画了该成员的个体易感性，而与该问题中的特定行为（或趋势）无关。$P_a(u)$ 是用户 $u$ 关于趋势 $a$ 的网络势，它定义为用户 $u$ 与那些让他与趋势 $a$ 接触的朋友之间与网络无关的社会权值之和。还需注意的是，两个性质都是趋势无关的。然而，尽管对每个用户 $s_u$ 只估计一次并且是网络无关的，$P_a(u)$ 贡献了网络相关的信息，并且可被用于决定我们在一开始就针对的网络成员的身份。从 $P_{Local\text{-}Adopt}$ 我们可以计算想法流 $P_{Trend}$ 的估计，可见阿特舒勒和彭特兰相关文章中的描述[17]。我们已经在几个详尽的数据集上验证了我们模型的精度和预测能力。其中的两个数据集是：用于研究一个由年轻家庭组成的小社区在社会方面的“朋友和家庭”数据集，包含一个社会交易社区中 160 万用户的一组金融交易 eToro 数据集。相同的框架还被用于描述公司和整个城市的想法流，并把想法流与生产率和 GDP 相关联，对此我们将在下节加以介绍。

## 公司和城市中的想法流（第 5 章、第 8 章）

我们可以通过使用社会计量标牌衡量公司里的互动；可以通过使用手机产生关于城市中社会纽带密度的好的模型；也可以通过把行为传播特定例子（安装应用或购买模式）的参数与这些网络的拓扑相结合，构建在这些特定社会网络中的想法流的定量模型。然后，我们就可以模拟新想法是如何转变为新行为，并进而在网络中传播的。

为了实现这一数学模拟任务，我们需要记住人们具有两种思考方式：快和慢（见第 3 章和附录一），这也给了人们两种学习的方式。

对于慢模式，往往与一个新想法或一条新信息的单次接触就足以改变行为。这种简单传播模型的一个例子就是一个新事实的传播（那条马路在施工）或是一条谣言的传播（“她做了什么？！”）。同样的模型也常见于人群中疾病的传播。有传染性的想法与有传染性的疾病一样，是沿着社会纽带传播的。这可通过社会网络的影响模型中的级联状态转移来模拟。

然而，我们知道，我们的许多行为都缘自快思考习惯。这里，一个简单的接触传染模型并不能较好地刻画许多习惯性行为的变化。对于快思考模式，我们通常需要接触一些别人已经成功使用某个新行为的例子，然后才会愿意自己去尝试这个新行为。在这些情形中，另一个复杂的接触传染模型可以更好地描述对于习惯性的快思考行为的采用。

这正是我们在第 3 章中看到的采用新的社会网络技术和新的手机应用的例子，也与接触如何推动饮食习惯、政治观点的改变有关。它可通过社会网络影响模型中的级联状态转移来模拟，但是现在网络参数的设置要与这种更保守的想法传播相匹配。

因此，为了把沿着社会纽带的信息和想法与行为变化相联系，我们需要同时解释快思考和慢思考。从数学上看，这意味着我们需要考查两种不同的影响模型。在第一种模型中，我们将使用简单的接触传染假设，其中与某个想法的单次接触就足以导致行为改变。在另一种模型中，当一个人需要多次接触同一想法才会采用某种新行为的时候，我们将使用一种复杂的接触传染假设。

两个模型具有不同的测量想法流的 $P_{Trend}$ 值，它预测一个想法有多大可能会在社区中传播。然而，两个模型只有一个实质性区别：在行为变化发生之前，在较短时间内所需要的正面例子的数量。因此，对于在较长时间段内重复引入社会网络中的想法，这些模型产生了相当类似的传播行为变化的模式。它们之间的一个大的区别在于：对于复杂的模型，新行为传播得要慢的多并且行为变化往往传播不到社会网络中具有稀少连接的边界处。对于诸如模拟 GDP 这样的应用而言，简单和复杂的接触传染模型之间的速度差异并不是问题，因为我们比较的是稳定的稳态情形。

## 社会压力（第 3 章）

在一个由自利个体组成的大型社会中，合作是一个至为重要但又难以实现的目标[18]。现代社会中一些最重要的问题，例如污染、全球变暖、上升的医疗保健和保险成本，等等，都可归咎于无力实现大范围的合作。

如果多个个体完全理性地按照其自身利益行动，就会发生公地悲剧，这将最终耗尽公共资源，从而对每一个人都不利[19]。悲剧的原因是大家都要承受任一个体的不合作行为所带来的负外部性，而该行为的好处则完全由该个体所有。

科学研究表明，局部的、同伴之间的合作要比匿名个体之间的合作容易实现得多[20]。如果一个个体的行动仅仅影响他的同伴，那么不仅他的同伴会感受到他的不合作行为带来的负外部性，他本人也需付出社会成本。同伴之间实现合作的一种方式就是通过有成本的社会压力[21]。

大型社会中的合作问题的传统解决方案是配额和征税（补贴）。配额是对制造负外部性施加限制，而一种更基于市场的方法是庇古税（Pigouivain tax）或补贴[22]。补贴好于征税的理由有两点：（1）补贴给的是正反馈，并且具有更好的效应；（2）在一个自由社会中，如果人们不采取合作行动（例如，引导一种健康的生活方式），是难以制定一个公共政策来向人们征税的[23]。与庇古税的影响相似，补贴会导致个体使由他们的行动所带来的外部性内在化。

事实上，这些政策对社会上的每个人征税，并把它作为补贴重新分配以促进合作。补贴可能需要比较高的预算且可能包括再分配带来的很大的管理费用。这类政策带来的结果对社会而言并非是最优的，其中存在两个问题：（1）由于巨大的交易成本，导致科斯论断①失效，因而一种简单的再分配并不能实现帕累托效率②的结果；（2）这些政策假设社会包含一群独立个体而忽视了个体决策会受到与同伴互动的影响这一事实[24]。也就是说，外部性的标准模型并不能解释社会中同伴之间的互动。

我的博士生安可·马尼在他的博士论文中与我以及马斯达尔学院访问人员艾亚德·拉万合作把同伴之间的互动引入公地悲剧问题的研究，增加了一个新的外部性和作为同伴压力的同伴互动的联合模型[25]。我们提出了一个用于网络化社会的新模型并为政策制定者提供了一组新的机制以处理外部性问题。

这些机制适用于外部性是全局的、而互动是局部的网络化社会。与个体通过庇古税或补贴使得外部性内在化不同，我们把外部性局限于个体在社会网络中的同伴，从而增加了同伴压力的力量。当外部性局部化之后，合作也可局部地实现，从而可观察到全局合作。因此，社会机制激励同伴（通过对他们征税或补贴）对个体施加（正的或负的）压力，从而导致负外部性的下降（或正外部性的增加）。

我们指出，在某些非常一般的条件下，这一方法能够用比庇古补贴更低的预算实现社会有效和得到更好的结果。

---

① 科斯论断（Coasian argument）也称科斯定理（Coase theorem），描述一个经济体系内部的资源配置与产出，以及在外部性存在的情形下其经济效率可能受到的影响。——译者注

② 帕累托效率也称帕累托最优（Pareto Optimality）。如果一种可行的配置不能在不损害某些人利益的前提下使另一些人获益，该配置便是一种帕累托最优的配置。——译者注

我们主要的结论在于：通过针对个体的同伴，同伴压力可以放大给予目标个体的奖励所期望的效应。庇古方法专注于导致外部性的个体，与之不同的是，我们的机制专注于个体在社会网络中的同伴。其思想是激励个体 A 的同伴来对 A 施加（正的或负的）压力。

我们的机制可以概述为如下问题：如果我们奖励个体 A 的同伴，那么我们能否鼓励他们对 A 施加更多的压力以减小负外部性？这一政策与庇古政策相比是否更有效？

通过针对个体的同伴，同伴压力可以放大对于目标个体的期望的效应。也就是说，在某些条件下，相同的补贴预算可以更大程度地减少负外部性。

我们研究了一个外部性和社会网络中的同伴压力的联合策略模型，其中个体采取对整个网络施加外部性的行动并且对他们的同伴施行了有代价的同伴压力。这一模型与卡尔沃 - 阿门戈尔（Calvó-Armengol）和杰克逊（Jackson）提出的形式密切相关[26]。

研究表明，在这一博弈的平衡状态，只有那些感觉到最高外部性的同伴运用压力。而且，网络中任一个体感觉到的这种压力在所有的平衡状态下都是相同的。它会对社会盈余带来某些改善，但也许并不是最优的。

在上述特性描述之后，我们接下来探讨如何使用关于社会网络结构的信息，通过仔细设计的社会机制来实现最优的社会盈余。我们能够阐明，与庇古机制相比，这一社会机制用更低的预算和总成本实现了最优的结果。

社会机制的优越性体现在如下两个方面：（1）如果所有的外部性都像在庇古机制中那样内在化，就不存在对于制造外部性的个体施加的外部压力，从而需要额外的补贴；（2）当施加同伴压力的边际成本低于整个社会的边际外部性乘以同伴压力的边际响应，那么补贴的效应就会在社会机制中放大。它会随着同伴之间关系强度的增加而增大，并且与施加同伴压力的成本成反比。

我们预期这类机制可以有如下两种应用：（1）制定公共政策以减小诸如污染之类的全局外部性；（2）对于具有网络外部性的产品，例如协同搜索引擎或社会推荐，尽量提高其收益。

**具有同伴压力的外部性：** 在这一新模型中，参与者有能力对社会网络中的同伴施加压力。网络 $P$ 中的所有参与者 $x$ 的效用记为 $U$，它可通过如下指标来定义：个体效用 $u_i$，其他个体施加在个体 $i$ 之上的外部性成本 $v_i$，个体 $i$ 的邻居对该个体施加同伴压力的成本 $c$，以及个体 $i$ 施加给同伴 $j$ 的同伴压力 $p_{ij}$ 和社会网络激励 $r_{ji}$。如果 $i$ 和 $j$ 不是社会网络中的同伴，那么 $p_{ij}=0$。

$$U_i(x,p)=U_i(x_i)-v_i\left(\sum_{j\neq i}x_j\right)-x_i\sum_{j\in Nbr(i)}p_{ji}-c_i\sum_{j\in Nbr(i)}p_{ji}+\sum_{j\in Nbr(i)}r_{ji}(x_j)$$

这里假设 $u$ 是严格凹的，$v$ 是严格凸和递增的，按照影响模型的术语，激励是改变整个社会网络的状态演化的边界条件。社会网络激励 $r_{ji}$ 所实现的，是促使个体 $i$ 选择改变其状态转移概率从而使其更有可能处于一种影响其邻居个体 $j$ 采用期望行为的状态。也就是说，这种激励会鼓励个体 $i$ 对个体 $j$ 运用社会压力。

**社会网络机制（奖励同伴）：** 正如前面描述的那样，社会机制是因为一个个体同伴的行为而奖励该个体的，这在事实上起到了补贴个体施加社会压力成本的作用。存在多种可能的奖励结构可以创造社会机制，我们这里讨论一种机制，它根据个体 $i$ 的同伴 $j$ 的行动 $x_j$ 来奖励个体 $i$。

分配这样的社会奖励的合适方法是什么样的呢？我们想要确定一个具有如下性质的奖励函数。

1. 奖励应该是简单的，我们考虑具有常数边际奖励的奖励函数（例如，仿射奖励函数）；

2. 应该存在博弈的一个子博弈完全平衡；

3. 平衡状态的行为应该是最优的；

4. 对于一个个体减少的行动，该个体的每个同伴都应得到奖励；

5. 在满足上述条件的一组奖励函数中，用于奖励的预算应该尽可能少。

研究表明，存在一个满足上述条件的相当简单的奖励函数。改变条件1—5可以得到不同的奖励函数。这一奖励既有依赖于消费者的部分，也有依赖于邻居的部分。

## 小结

本附录概述了本书各种例子中使用的数学，当然，对此真正感兴趣的读者可以进一步阅读原始材料。此外，尽管这种对于社会网络现象的数据驱动的建模已经被证明是相当准确和鲁棒的，本附录所介绍的并非是社会物理学的唯一的数学，我确信随着时间的演化将会有更好的发展。

我们的主要观点是：通过使用异质、动态、随机的网络，我们可以从简单的可观察行为准确建模借助于社会学习的人类行动习惯的传播。这种能力对于增进我们对人类社会动力学的理解并进而提高我们谋划未来的能力都具有革新意义。

# 致谢

我要对特雷西·海柏克（Tracy Heibeck）自始至终参与本书的工作表示最诚挚的感谢。她仔细整理了每一个论述并恰当调整了每一个措词，要不是因为出版业的奇怪规定的话，她应该也被列为本书作者。我也要感谢马克斯·布罗克曼（Max Brockman）和斯科特·莫耶斯（Scott Moyers），他们的热情使得本书成为可能，并保证了本书的可读性和感染力。同时，我还要感谢玛莉·安德森（Mally Andrson）的细心编辑。最后，同样重要的是感谢我的学生、博士后和同事，他们的研究和努力帮助形成了本书中的想法、实验、技巧和结论。

# SOCIAL PHYSICS

How Good Ideas Spread—
The Lessons from
a New Science

## 译者后记

近年国内出版了许多关于大数据的书，给人一种“忽如一夜春风来，千树万树梨花开”的感觉。相比而言，彭特兰的这本书选取了一个看似独特，实则触及本质的视角：大数据如何有助于理解人们之间的交流而导致的想法的传播，以及这种理解如何有助于提升从小团体到大企业甚至整个城市和地区的创新能力。在当前这样一个鼓励万众创新的新时代，这本书中文版的出版也算是恰逢其时。

由于在翻译这本书之前我就读过并引用过彭特兰的一些文章，因此当湛庐文化邀请我翻译这本书时，我就欣然接受了并请在香港大学商学院国际商务与全球管理专业（IBGM）就读的女儿汪容和我一起翻译。汪容翻译了前7章的初稿，我翻译其余部分并对整本书的翻译进行校对和统一。下面想通过选取几个例子与读者分享一下我们的感受。

### 网络新机遇：构建社交网络

我在介绍网络科学时经常会引用彭特兰的MIT团队获得“红气球挑战赛”

冠军的例子（详见书中第 6 章的介绍）。这个比赛是为了纪念互联网诞辰 40 周年而发起的，要求参赛队伍定位出放置在美国大陆不同位置的 10 只红色的气球，所花时间最短者获胜并赢得 4 万美元的奖金。MIT 团队采用递推激励机制在社交网站上征集了几千名志愿者，不到 9 个小时就定位出所有气球而夺冠。该团队还在顶级期刊《科学》和《美国科学院院报》上介绍了他们的策略。这一策略的核心就是既使用传统的个体经济奖励来动员人们搜寻并提供气球信息，也使用社会网络奖励让人们动员他人参与。尽管几千人组成的网络中只有极少的人是真正找到气球的，但是其余人的贡献也是不可或缺的。这个例子的启示是：在网络时代，我们有可能在很短时间内构建大规模社交网络，从而在很短时间内实现以前无法完成的任务。

## 管理新方式：校正沟通网络

在翻译这本书的过程中，趁着汪容回家过春节的时间，我们父女俩在大年夜聊起了非洲一些国家出现的“资源的魔咒”（resource curse）现象，即这些国家发现了更多的资源但人民反而更加贫困。汪容和我分享了《国家为什么会失败》（*Why Nations Fail*）这本书中的一些观点。彭特兰的书则提供了另一个视角：一个地区的繁荣与这个地区的人们之间的沟通程度密切相关。如何提升群体的智慧、效率和创新能力？彭特兰给出了一个传统商学院也许不会讲授的解决方案：校正这个群体成员之间的想法流，以便在独自行动和羊群效应之间取得合适的平衡。书中列举了证券交易员之间的沟通网络的例子，发现可以通过为个体提供少许激励来塑造想法的流动，让孤立的交易员和他人更多地交流，并使那些联系过于紧密的人们之间减少交流而寻求与圈子范围之外的人交流。彭特兰还成立了专门的公司，用于帮助校正世界各地的金融和决策网络。基于数据分析和理论指导的更为有效的网络校正方案今后有可能会受到更多的关注并带来新的机遇。

# 隐私新挑战：呼唤数据新政

彭特兰在书中花了相当篇幅介绍他近年力推的“数据新政”。英国作家乔治·奥威尔的传世之作《1984》描绘了一个令人感到窒息和恐怖的极权主义社会，其三大口号是：战争即和平，自由即奴役，无知即力量。在翻译彭特兰的这本书的时候，恰好看到了美国科幻作家大卫·埃格斯（Dave Eggers）面世的小说《*The Circle*》，其中介绍的一家名为“Circle”的全球最大网络公司可以看作当今Google-Amazon-Facebook-Twitter的混合体。这家“技术至上”的企业的每一个工程师都希望通过自己的创新让世界更美好，但其结果却是使得所有人都变成不再有任何隐私的透明人，整个世界更像是21世纪的1984：不再是少数人监控大多数人，而是每一个人监控每一个其他的人。正如该公司的三大口号所言：共享即关怀，秘密即谎言，隐私即盗窃。

尽管《*The Circle*》只是一本科幻类的小说，它所引发的却是目前全球都很关注的网络时代的隐私保护挑战。随着网络时代、信息时代、数据时代的不断发展，越来越需要有关数据的收集与使用的社会规范与法律框架，实现“数据，让人类更美好”的愿景。

最后，我想谈一下这本书的“学术味”。书中的大量内容都来自彭特兰和合作者的研究成果，书中在介绍这些成果时列出了所有合作者的名字以及成果发表的期刊等信息，这是对合作者的尊重，但是可能会对读者阅读的流畅感有所影响。此外，书中通过专栏和附录的形式介绍了一些相关的理论知识，普通读者在阅读时如果难以理解的话不妨略过。

感谢湛庐文化赠予我的许多好书，并特别感谢编辑们在翻译过程中的多次沟通。汪容和我还要感谢刘红作为一位母亲和妻子的无私而伟大的奉献。

汪小帆

2015年1月于上海

# 注释

## 引言　更好的想法流，更智慧的社会

1. A. Smith 2009.
2. 用更为技术的语言来描述就是，现在已经是需要考虑动力学而不是平衡态、考虑交换网络而不只是完善的市场的时候了。此外，我们应该把社会影响和理性放在一起考虑，并且不能把效用视为单个标量，而是要视为一个向量（例如适应度、好奇心和现状等）。
3. Zipf 1949.
4. Zipf 1946.
5. Snijders 2001; Krackhardt and Hanson 1993; Macy and Willer 2002; Burt 1992; Uzzi 1997; White 2002.
6. Kleinberg 2013; Barabási 2002; Monge and Contractor 2003; Gonzalez et al. 2008; Onnela et al. 2007, 2011.
7. Centola 2010; Lazer and Friedman 2007; Aral et al. 2009; Eagle et al. 2010; Pentland 2008.
8. Marr 1982.
9. Pentland 2012c, 2013a.
10. Lazer et al. 2009.
11. Barker 1968; Dawber 1980.

12. 在这些生活实验室里会定期进行几十个标准的心理学、社会学以及与健康相关的调查，并且通常都是在网上进行的。此外，在智能手机上也有一些更短但更经常性的调查问卷。

13. Aharony et al. 2011.

14. Madan et al. 2012.

15. Eagle and Pentland 2006.

16. Pentland 2012b.

17. 参与者受到知情同意书的保护，有权随时终止参与，实验室会对所有个人数据进行有保证的安全处理，参与者也会得到一定的报酬。这些数据可在 http://realitycommons.media.mit.edu 下载。

18. Pentland 2009.

19. 2011 年世界经济论坛，“个人数据：一种新资产的涌现”，见 http://www3.weforum.org/docs/WEF_ITTC_PersonalDataNewAsset_Report_2011.pdf。

20. 几乎所有的社会科学不仅实验规模小，而且都是基于来自西方的（Western）、受教育的（educated）、国际化的（international）、富裕的（rich）和民主的（democratic）社会的人群。换言之，社会科学只是为 WEIRD 服务的。（Henrich et al. 2010）。

21. Kahneman 2011.

## 第 1 章　探索

1. Beahm, George, ed. I, Steve: Steve Jobs in His Own Words（Chicago: Agate B2），2011.
2. Papert and Harel 1991.
3. Buchanan 2007.
4. Conradt and Roper 2005.
5. Surowiecki 2004.
6. Dall et al. 2005.
7. Lorenz et al. 2011.
8. Dall et al. 2005; Danchin et al. 2004.
9. King et al. 2012.

10. Hong and Page 2004; Krause et al. 2011.

11. Altshuler et al. 2012; Pan, Altshuler, and Pentland 2012. eToro（http://www.etoro.com）是一个用于外汇和商品交易的在线贴现个人投资“经纪人”，它拥有易于使用的买进、卖空和投机机制。eToro 让金融交易既方便又有趣，因为它允许每个用户出很少的美元即可进行多头或空头操作。这很像是玩彩票，不过用户是与现实世界竞争，而不是与一个彩票计算机竞争。尽管在我们研究的时候 eToro 具有 300 万用户，但需要记住的是 eToro 在外汇市场仍然是一个小角色——eToro 上的交易员并没有搬移市场。

12. 我们使用复杂的数学分析可以计算想法流速率的度量值。想法流速率是一定比例的用户（用一个概率分布表示）将会采用一个将人引入社会网络中的新策略的可能性。这一关键度量考虑了社会网络结构、社会影响的强度以及个体对新想法的易感性。对数学感兴趣的读者可以在附录二“数学”中了解想法流计算的细节。

13. 由于个体交易员的表现不受市场影响，通过减去个体交易的投资回报（ROI）可以使纵轴不受市场波动的影响。

14. 对于一个给定的想法流速率值，纵轴的投资回报（ROI）的变化缘自不同的日子有不同比例的资产种类。用想法流速率来衡量的话，每一种资产都有其自身稍有不同的最佳点。如果把这一变化考虑在内，ROI 的变化就会显著降低。

15. Yamamoto et al. 2013; Sueur et al. 2012.

16. Farrell 2011.

17. Lazer and Friedman 2007.

18. Glinton et al. 2010; Anghel et al. 2004.

19. “无标度”是指一个用户具有 d 个跟随者的概率服从幂律分布，即 $Prob(d) \sim d^{\gamma}$。

20. Shmueli et al. 2013. 也就是说，连接数的变化范围非常广。

21. 第 3 章中将会看到病毒感染和行为改变之间的另一个关键差别。如果留心的话，一个评论就可传播有意识的信念（“商店早上 8 点开门”），这类行为改变称为简单传染。然而，人们通常需要较短时间内的多个榜样的例子才会采用一个新行为来代替习惯性的、大都是无意识的行为（例如，使用现金而不是信用卡），这类行为改变称为复杂传染。这两类行为改变在网络中的传播非常相似，但是复杂传染的传播要慢得多而且通常需要稠密连接的局部网络，因此当一个想法进入某个人的直接社会网络时，他会在短时间内与这一想法有很多的接触。参见 Watts and Dodds 2007; Centola 2010; Centola and Macy 2007.

22. Kelly 1999.

23. Choudhury and Pentland 2004.

24. 用技术语言来描述，在话轮转换中更有影响力的个体也在社会网络中具有较高的介数。这是一种很强的相关性（r^2 =0.9）。

25. Pan, Altshuler, and Pentland 2012; Saavedraa et al. 2011.

26. Financial Times, April 18, 2013.

27. 通过一次考虑多个决策来实现多样化是重要的，因为随着环境的改变，老的策略不再有效，而新的策略拔得头筹。因此，你所要跟随的并非是已经最成功的策略，你需要寻找的是将会最成功的策略。由于预测未来很困难，所以社会学习的多样性是很重要的。

## 第 2 章　想法流

1. Bandura 1977.

2. Meltzoff 1988.

3. 也许猿类“文化”像孤立的村庄和部落停滞不前的文化，其中想法的共享仅限于封闭的群组，因而社区行为仍然死板而缺乏创新。

4. 在“社会演化”实验中，一些数据需要经过较复杂的后期处理。例如，如果你的手机感知到了我的手机，而我的手机并没有感知到你的手机，那么这两个手机应该被标记为互相接近的。与此类似，如果两个手机都感知到了一个 WiFi 热点，那么就应该把它们标记为处于同一区域。“朋友和家庭”研究具有更好的感知能力，因而不需要这种后期处理。更多细节请见：http://realitycom mons.media.mit.edu。

5. Christakis and Fowler 2007.

6. Madan et al. 2012.

7. 本章介绍了健康习惯、政治观点、手机应用采用和音乐下载，它们都具有类似的机制和效应规模。在下一章中会介绍（使用数字社会网络）改变健康习惯和消费、投票、办公等行为的操作。

8. 社会影响是一个活跃、有争论的研究领域（Aral et al. 2009）。本章介绍的健康、政治和应用采用研究要强于大多数研究，其原因在于：（1）这些效应似乎主要是社会学习，而不是社会压力。那些具有强纽带的人（如朋友）的影响并不显著，而与具有很弱纽带的相识的人的接触却具有强的效应。（2）我们拥有一系列衡量而不只是单个快照，因此我们能够决定对于因果性而言时机是否合适。（3）我们有关接触的定量和连续的衡量，而不只是关于社会纽带有或无的指征。（4）我们在现实世界的结果与例如文献（Centola 2010）中那些在线实验的结果非常相似，而这些在线实验的场景是可以精确控制的。

9. Madan et al. 2011.
10. 然而，这是一个暂时性的效应，因为在政治辩论之后，事情又回到常态了。
11. Aharony et al. 2011.
12. Pan et al. 2011a.
13. Krumme et al. 2012; Tran et al. 2011.
14. Salganik et al. 2006.
15. Rendell et al. 2010.
16. Lazer and Friedman 2007; Glinton et al. 2010; Anghel et al. 2004; Yamamoto et al. 2013; Sueur et al. 2012; Farrell 2011.
17. Simon 1978; Kahneman 2002.
18. Kahneman 2011.
19. Hassin et al. 2005.
20. Rand et al. 2009; Fudenberg et al. 2012.
21. Haidt 2010.
22. Brennan and Lo 2011.
23. Hassin et al. 2005.

## 第3章 参与

1. Stewart and Harcourt 1994.
2. Boinski and Campbell 1995.
3. Conradt and Roper 2005; Couzin et al. 2005; Couzin 2007.
4. Kelly 1999.
5. Cohen et al. 2010.
6. Calvó-Armengol and Jackson 2010.
7. Kandel and Lazear 1992.
8. Breza 2012.
9. Nowak 2006.

10. Rand et al. 2009; Fehr and Gachter 2002.

11. Pink 2009; Gneezy et al. 2011.

12. Mani, Rahwan, and Pentland 2013.

13. 也就是说，1 美元的激励带来了 4 倍的行为变化。

14. 这 3 个条件中每一个的单位改进的边际成本更为骄人：

    个体（庇古）激励：$83

    同伴观点：$39.5

    同伴奖励：$12

    与此类似，活动改进的平均百分比也是骄人的：

    个体激励：3.2%

    同伴观点：5.5%

    同伴奖励：10.4%

15. Adjodah and Pentland 2013.

16. 例如，对话和通话，但不是旁听或观察另一个人那种非直接的互动。

17. 行为变化量与通话次数之间的相关性是r^2 > 0.8；对于所有的交流渠道，r^2 > 0.9。

18. 我们对于社区中的每一对人都会问下面这类信任问题：你会信任那个人临时照顾你的小孩吗？你会借钱给那个人吗？你会把车借给那个人吗？我们最后统计了每一对人之间肯定答案的数量，并称之为信任分数。我们比较了他们的信任分数与他们之间直接互动的次数的关系，发现总的直接互动量非常好地预测了信任分数。同样的，对于通话，r^2 > 0.8； 对于所有的交流渠道，r^2 > 0.9。

19. Mani et al. 2012.

20. Mani, Loock, Rahwan, and Pentland 2013.

21. De Montjoye et al. 2013.

22. Smith 2009.

23. Lim et al. 2007.

24. Nowak 2006; Rand et al. 2009; Fehr and Gachter 2002.

25. Buchanan 2007.

26. Stewart and Harcourt 1994; Boinski and Campbell 1995.

27. Zimbardo 2007; Milgram 1974b.

28. Pentland 2008; Olguín et al. 2009; Pentland 2012b.
29. Dong and Pentland 2007; Pan, Dong, Cebrian, Kim, Fowler, and Pentland 2012.
30. Castellano et al. 2009; Gomez-Rodriguez et al. 2010.
31. Dong et al. 2007; Pan, Dong, Cebrian, Kim, Fowler, and Pentland 2012.

## 深度洞察　现实挖掘

1. Lazer et al. 2009.

## 第 4 章　集体智能

1. Woolley et al. 2010.
2. Pentland 2011.
3. Dong et al. 2009; Dong et al. 2012; Pentland 2008.
4. Pentland 2010a; Cebrian et al. 2010.
5. Olguín et al. 2009; 也可见：www.sociometricsolutions.com。
6. Pentland 2012b. 该文获得了《哈佛商业评论》的麦肯锡奖（McKinsey Award）和美国管理学会（Academy of Management）的实践家奖（Practitioner Award）。
7. Wu et al. 2008.
8. Couzin 2009.
9. Ancona et al. 2002.
10. Olguín et al. 2009.
11. Eagle and Pentland 2006.
12. Dong and Pentland 2007.
13. Amabile et al. 1996.
14. Tripathi 2011; Tripathi and Burleson 2012.
15. Hassin et al. 2005.

16. 这也称为网络约束。

17. Pentland 2012b.

## 第 5 章 塑造组织

1. Pentland 2012b.

2. 我想现在已经清楚的是，每一次互动或接触都是一次学习机会。我们的实验结果表明：从一个人到另一个人的有效的想法流，例如采用新行为的概率，是互动和接触数量的光滑的增函数。值得注意的是，这是与罗纳德·伯特（Ronald Burt）等社会学先驱的发现相一致的，他们主要专注于网络拓扑和交流频率。如果你是一个认知科学家，你也许会对接触与想法采用之间具有如此简单的关系而感到不太自然。然而，那些就是数据：统计上看，存在着可以较容易计算的相当一致的平均采用率。当然，不同类型的数据具有不同的传播性质，不同的交流渠道具有不同的影响特征，并且不同的个体也具有不同的易感性。如果你是一个计算机科学家，你可能会担心接触（接近）会与交流混合；然而，我们已经非常仔细地把两者区分开来。此外，文献（Wyatt et al. 2011）考查了接近度和对话的可能性之间的关系。尽管文章清楚地指出两者是独立的现象，同样清楚的是，如果我们在一周甚至更长的时间里观察一个人群中的所有成员，那么对话的频率和接近的频率之间就是高度相关的。更多细节见第 4 章最后的专栏“快、慢和自由意志”以及附录二“数学”。

3. Burt 2004.

4. Kim et al. 2008; Kim 2011.

5. 在会议场景中，交互意味着每个人都既贡献想法又响应其他所有人的想法。换言之，并不总是由相同的人响应某个特定的说话者。

6. 在这些实验中，信任是通过一个经典的公共品博弈来衡量的。

7. Kim 2011.

8. 请见“可感知的组织：社会传感器技术的启迪”（http://hd.media.mit.edu/tech-reports/TR-602.pdf）。

9. Wellman 2001.

10. Pentland 2012b; 也可见：www.sociometricsolutions.com。

11. Chen et al. 2003; Chen et al. 2004.

12. Prelec 2004.

13. 更为技术性的是跟踪记录人们之间的条件概率，这可通过使用附录二“数学”中介绍的影响模型来实现。

14. 我们已经阐明了存在因果关系；见 Kim 2011。

15. Pentland 2010b.

16. Choudhury and Pentland 2003, 2004.

## 第 6 章　变革组织

1. Pickard et al. 2011.
2. Rutherford et al. 2013.
3. 见 http://archive.darpa.mil/networkchallenge。
4. Nagar 2012.
5. Olguín et al. 2009.
6. Waber 2013.
7. Wellman 2001.
8. Putnam 1995.
9. Pentland 2008.
10. Buchanan 2009.
11. Lepri et al. 2009; Dong et al. 2007.
12. Curhan and Pentland 2007.
13. Choudhury and Pentland 2004.
14. Barsade 2002.
15. Iacoboni and Mazziotta 2007.

## 第 7 章　感知城市

1. Pentland 2012a.

2. 见 www.sensenetworks.com。
3. Eagle and Pentland 2006.
4. Dong and Pentland 2009.
5. Berlingerio et al. 2013.
6. Smith, Mashadi, and Capra 2013.
7. Schneider 2010.
8. Madan et al. 2010; Madan et al. 2012; Dong et al. 2012.
9. 见 www.ginger.io。
10. Dong et al. 2012; Pentland et al. 2009.
11. Dong et al. 2012.
12. Lima et al. 2013; Pentland et al. 2009.
13. Mani, Loock, Rahwan, and Pentland 2013.
14. Pentland 2012a.
15. Lima et al. 2013; Smith, Mashadi, and Capra 2013; Berlingerio et al. 2013; Pentland et al. 2009; Pentland 2012a.

## 第 8 章　城市科学

1. Crane and Kinzig 2005.
2. Glaeser et al. 2000.
3. Smith 1937.
4. Milgram 1974a; Becker et al. 1999; Krugman 1993; Fujita et al. 1999; Bettencourt et al. 2007; Bettencourt and West 2010.
5. Audretsch and Feldman 1996; Jaffe et al. 1993; Anselin et al. 1997.
6. Arbesman et al. 2009; Leskovec et al. 2009; Expert et al. 2011; Onnela et al. 2011; Mucha et al. 2010.
7. Pan et al. 2013.
8. Krugman 1993.

9. Wirth 1938; Hägerstrand 1952, 1957; Florida 2002, 2005, 2007.

10. Liben-Nowell et al. 2005.

11. 这一光滑的关系频率递减函数似乎是面对面互动的一个自然结果，它与距离无关，并且可能来自在线介绍。这表明数字通信在改变社会纽带和城市生产率 / 创造性之间的关系。然而，需要记住的是，对于改变习惯而言，面对面社会纽带要比数字纽带重要得多，这意味着我们也许具有增加的探索和缓慢增加的行为变化。

12. Nguyen and Szymanski 2012.

13. Pj=1/rank（j），你具有一条社会纽带的机会基本上与介入其他人的次数成反比。

14. 美国疾病控制中心；见 http://www.cdc.gov/hiv/topics/surveillance/index.htm。

15. Calabrese et al. 2011.

16. Krumme 2012.

17. Krumme et al. 2013.

18. 这是齐普夫（Zipf）定律，齐普夫在其他社会现象研究中发现了这一法则。

19. Pan et al. 2011b.

20. Frijters et al. 2004; Paridon et al. 2006; Clydesdale 1997; Pong and Ju 2000.

21. 平均上下班通勤距离取为从 GDP 计算得到的最适合的最大互动半径之一半。

22. Smith, Mashadi, and Capra 2013; Smith, Quercia, and Capra 2013.

23. 与增加的生产率类似，增加的犯罪似乎也是由创新带来的。

24. Jacobs 1961.

25. 我们假设存在 6 个大的同伴群：男人群和女人群，每一个又分别包含年轻人、父母和年长者 3 个子群。每个同伴群都是邓巴数（150）的平方，这是朋友的朋友数的最大值。

26. 关键是，我们谈论的是创造具有大的社会支持和慢的社会变化的地方。我认为这能保护孩童和家庭，以防快速和破坏性的变化，而这种变化正是正在涌现的超连接世界所面临的现实的、不断增加的危险。当然，其他人也许不会同意并偏好更大的社会变化速率。

27. Burt 1992; Granovetter 1973, 2005; Eagle et al. 2010; Wu et al. 2008; Allen 2003; Reagans and Zuckerman 2001.

28. Eagle and Pentland 2009; Wu et al. 2008; Pentland 2008.

29. Kim et al. 2011.

30. Singh et al. 在准备中。

## 第 9 章　数据新政

1. 2011 世界经济论坛，“个人数据：一种新资产的涌现”。见 http://www3.weforum.org/docs/WEF_ITTC_PersonalDataNewAsset_Report_2011.pdf。
2. Pentland 2009.
3. Ostrom 1990.
4. De Soto and Cheneval 2006.
5. Pentland 2009.
6. 2011 世界经济论坛，“个人数据：一种新资产的涌现”。见 http://www3.weforum.org/docs/WEF_ITTC_PersonalDataNewAsset_Report_2011.pdf。
7. 见 www.idcubed.org。
8. De Montjoye et al. 2012.
9. Smith, Mashadi, and Capra 2013; Bucicovschi et al. 2013.
10. De Montjoye et al. 2012.

## 第 10 章　智慧社会的建立

1. Smith 2009.
2. Nowak 2006; Rand et al. 2009; Ostrom 1990; Putnam 1995.
3. Weber 1946.
4. Marx 1867.
5. Acemoglu et al. 2012.
6. 国际经济具有一种类似的约束的网络结构；见 Hidalgo et al. 2007。
7. Salamone 1997; Lee 1988; Gray 2009; Thomas 2006.
8. Mani et al. 2010.
9. 局部化的社会有效性的产生是由于网络中每个参与者找到在他们所连接的那部分网络中可获得的最佳交换（例如，他们寻找帕累托最优交换）。通过构造得到在网络拓扑约束下的社会最优性。收敛性证明请见 Mani et al. 2010。
10. 也可见 Bouchaud and Mezard 2000。

11. 类似的结果也可见 Grund et al. 2013, and Helbing et al. 2011。

12. 公平交换网络对人们的联盟也是稳定的。如果一个同伴群（例如银行家）建立了一种与其他人（例如律师）打交道的社会规范，他们共同的习惯使得他们可以行动一致，这就形成了联盟。即使同伴群相互一致地行动，一个网络社会也可以是稳定和公平的，因为这种联盟可以通过他们与之打交道的同伴群的共同习惯来平衡。从数学上看，交换网络包括由同伴群而不是个体组成的“超级节点”，但是这并不会破坏社会的公平性和信任性质。

13. Lim et al. 2007.

14. Dunbar 1992.

15. 也就是说，当大部分人已经满足他们的效用函数（达到极限）。

16. 信息是那种有可能创造想法的东西。此外，信息也是我们信仰的重要来源。

17. 见 http://www.swift.com。

18. Rand et al. 2009; Sigmund et al. 2010.

19. Smith, Mashadi, and Capra 2013.

20. Eagle et al. 2010.

21. Bucicovschi et al. 2013.

22. Berlingerio et al. 2013.

23. Lima et al. 2013.

## 深度洞察　开放 PDS

1. 2011 世界经济论坛，“个人数据：一种新资产的涌现”。见 http://www3.weforum.org/docs/WEF_ITTC_PersonalDataNewAsset_Report_2011.pdf。

2. 见 http://idcubed.org。

3. De Montjoye et al. 2012.

4. Pentland 2009.

5. “网络空间可信任身份国家策略”倡议，见：http://www.nist .gov/nstic。

6. 美国网络空间国际战略，见：http://www.whitehouse.gov/ sites/default/files/rss_viewer/international_strategy_for_cyberspace.pdf。

7. “委员会提出一个数据保护规则的综合改革方案以提升用户对自身数据的控制并减少商业成本”，见，http://europa.eu/rapid/press-release_IP-12-46_en.htm。

8. 2011 世界经济论坛，“个人数据：一种新资产的涌现”。见 http://www3.weforum.org/docs/WEF_ITTC_PersonalDataNewAsset_Report_2011.pdf。

9. “大数据是否已经让匿名化不可能？”见：http://www.technolo gyreview.com/news/514351/has-big-data-made-anonymity-impossible。

10. Sweeney 2002.

11. Schwartz 2003; Butler 2007;“你的应用在看着你”。见，http://online.wsj.com/article/SB10001424052748704694004576020083703574602.html。

12. Blumberg and Eckersley 2009.

13. http://www.darpa.mil/Our_Work/I2O/Programs/Detection_and_Computational_Analysis_of_Psychological_Signals_（DCAPS）.aspx.

## 附录一　快、慢和自由意志

1. Kahneman 2002; Simon 1978.

2. Centola 2010; Centola and Macy 2007.

3. 慢思考并没有我们认为的那么好。例如，文献（Tetlock 2005）指出，最好的世界专家在做决策时也并不比碰运气好多少，即使是在他们擅长的领域。

4. Dijksterhuis 2004.

5. Hassin et al. 2005.

6. Kahneman 2011.

7. Lévi-Strauss 1955; Marx 1867; Smith 1937; Sartre 1943; Arrow 1987.

8. Kahneman 2002, 2011; Hassin et al. 2005; Pentland 2008; Simon 1978; Bandura 1977.

## 附录二　数学

1. Dong and Pentland 2007.

2. Pan, Dong, Cebrian, Kim, Fowler, and Pentland 2012.

3. Granovetter and Soong 1983.
4. Aral et al. 2009.
5. Gomez-Rodriguez et al. 2010; Myers and Leskovec 2010.
6. Dong and Pentland 2007.
7. Lepri et al. 2009.
8. Dong and Pentland 2009.
9. Dong et al. 2012.
10. Pan, Dong, Cebrian, Kim, Fowler, and Pentland 2012.
11. Ibid.
12. Pan et al. 2011a.
13. Christakis and Fowler 2007.
14. Centola 2010.
15. Pan et al. 2011a.
16. Altshuler et al. 2012.
17. Ibid.
18. Dietz et al. 2003.
19. Hardin 1968.
20. Baumol 1972.
21. Calvó-Armengol and Jackson 2010.
22. Baumol 1972; Slemrod 1990.
23. Nowak 2006.
24. Coase 1960.
25. Mani, Rahwan, and Pentland 2013.
26. Calvó-Armengol and Jackson 2010.

# 未来，属于终身学习者

我这辈子遇到的聪明人（来自各行各业的聪明人）没有不每天阅读的——没有，一个都没有。巴菲特读书之多，我读书之多，可能会让你感到吃惊。孩子们都笑话我。他们觉得我是一本长了两条腿的书。

——查理·芒格

互联网改变了信息连接的方式；指数型技术在迅速颠覆着现有的商业世界；人工智能已经开始抢占人类的工作岗位……

未来，到底需要什么样的人才？

改变命运唯一的策略是你要变成终身学习者。未来世界将不再需要单一的技能型人才，而是需要具备完善的知识结构、极强逻辑思考力和高感知力的复合型人才。优秀的人往往通过阅读建立足够强大的抽象思维能力，获得异于众人的思考和整合能力。未来，将属于终身学习者！而阅读必定和终身学习形影不离。

很多人读书，追求的是干货，寻求的是立刻行之有效的解决方案。其实这是一种留在舒适区的阅读方法。在这个充满不确定性的年代，答案不会简单地出现在书里，因为生活根本就没有标准确切的答案，你也不能期望过去的经验能解决未来的问题。

而真正的阅读，应该在书中与智者同行思考，借他们的视角看到世界的多元性，提出比答案更重要的好问题，在不确定的时代中领先起跑。

## 湛庐阅读 App：与最聪明的人共同进化

有人常常把成本支出的焦点放在书价上，把读完一本书当作阅读的终结。其实不然。

---

时间是读者付出的最大阅读成本

怎么读是读者面临的最大阅读障碍

“读书破万卷”不仅仅在“万”，更重要的是在“破”！

---

现在，我们构建了全新的“湛庐阅读”App。它将成为你“破万卷”的新居所。在这里：

- 不用考虑读什么，你可以便捷找到纸书、电子书、有声书和各种声音产品；
- 你可以学会怎么读，你将发现集泛读、通读、精读于一体的阅读解决方案；
- 你会与作者、译者、专家、推荐人和阅读教练相遇，他们是优质思想的发源地；
- 你会与优秀的读者和终身学习者为伍，他们对阅读和学习有着持久的热情和源源不绝的内驱力。

下载湛庐阅读 App，
坚持亲自阅读，
有声书、电子书、阅读服务，
一站获得。

CHEERS

# 本书阅读资料包

## 给你便捷、高效、全面的阅读体验

### 本书参考资料

湛庐独家策划

- 参考文献
  为了环保、节约纸张，部分图书的参考文献以电子版方式提供
- 主题书单
  编辑精心推荐的延伸阅读书单，助你开启主题式阅读
- 图片资料
  提供部分图片的高清彩色原版大图，方便保存和分享

### 相关阅读服务

终身学习者必备

- 电子书
  便捷、高效，方便检索，易于携带，随时更新
- 有声书
  保护视力，随时随地，有温度、有情感地听本书
- 精读班
  2~4周，最懂这本书的人带你读完、读懂、读透这本好书
- 课　程
  课程权威专家给你开书单，带你快速浏览一个领域的知识概貌
- 讲　书
  30分钟，大咖给你讲本书，让你挑书不费劲

**湛庐编辑为你独家呈现**
**助你更好获得书里和书外的思想和智慧，请扫码查收！**

（阅读资料包的内容因书而异，最终以湛庐阅读App页面为准）

# 湛庐阅读App

## 思想者的声音图书馆

**倡导亲自阅读**

不逐高效，提倡大家亲自阅读，通过独立思考领悟一本书的妙趣，把思想变为己有。

**阅读体验一站满足**

不只是提供纸质书、电子书、有声书，更为读者打造了满足泛读、通读、精读需求的全方位阅读服务产品 —— 讲书、课程、精读班等。

**以阅读之名汇聪明人之力**

第一类是作者，他们是思想的发源地；第二类是译者、专家、推荐人和教练，他们是思想的代言人和诠释者；第三类是读者和学习者，他们对阅读和学习有着持久的热情和源源不绝的内驱力。

CHEERS

# 以一本书为核心

## 遇见书里书外，更大的世界

**有声书**

随时随地，有温度、
有感情地听本书

**精 读**

2~4周，带你读完、
读懂、读透一本好书

**讲 书**

30分钟
大咖给你讲本书
让你挑书不费劲

**课 程**

权威专家带你快速浏览
一个领域的知识概貌

**纸质书**

湛庐纸书一站购买
还有读者专享福利

**电子书**

最新最全的湛庐电子书
随时随地亲自阅读

**延伸阅读**

编辑精心制作的内容拓展
测试、视频、注释、参考文献
只为优化你的体验

**专 题**

主题式阅读书单
让你与更多好书相遇

Social physics：how good ideas spread–the lessons from a new science
Copyright © 2014 by Alex Pentland
All rights reserved.

本书中文简体字版由作者授权在中华人民共和国境内独家出版发行。未经出版者书面许可，不得以任何方式抄袭、复制或节录本书中的任何部分。

**版权所有，侵权必究。**

**图书在版编目（CIP）数据**

智慧社会：大数据与社会物理学 /（美）彭特兰著；汪小帆，汪容译 .
—杭州：浙江人民出版社，2015.4 （2023.10重印）

ISBN 978-7-213-06584-2

Ⅰ.①智… Ⅱ.①彭… ②汪… ③汪… Ⅲ.①社会科学–物理学–研究 Ⅳ.①C05

中国版本图书馆 CIP 数据核字（2015）第 027743 号

浙江省版权局
著作权合同登记章
图字:11-2014-104号

**上架指导：大数据 / 未来趋势**

**版权所有，侵权必究**
**本书法律顾问 北京市盈科律师事务所 崔爽律师**

## 智慧社会：大数据与社会物理学

| | | | |
|---|---|---|---|
| 作　　者： | ［美］阿莱克斯·彭特兰　著 | | |
| 译　　者： | 汪小帆　汪　容　译 | | |
| 出版发行： | 浙江人民出版社（杭州体育场路347号　邮编　310006）<br>市场部电话：（0571）85061682　85176516 | | |
| 集团网址： | 浙江出版联合集团　http://www.zjcb.com | | |
| 责任编辑： | 徐江云 | | |
| 责任校对： | 张彦能 | | |
| 印　　刷： | 石家庄继文印刷有限公司 | | |
| 开　　本： | 710 mm × 965 mm 1/16 | 印　　张： | 18 |
| 字　　数： | 21.7 万 | 插　　页： | 3 |
| 版　　次： | 2015 年 4 月第 1 版 | 印　　次： | 2023 年10月第 9 次印刷 |
| 书　　号： | ISBN 978-7-213-06584-2 | | |
| 定　　价： | 56.90 元 | | |

如发现印装质量问题，影响阅读，请与市场部联系调换。